BASIC SWEDISH

MW00834230

Basic Swedish: A Grammar and Workbook combines an accessible basic reference grammar and related exercises in one volume, and covers most of the topics that students might expect to deal with in their first year of learning Swedish.

Each of the 25 units discusses one or more grammar topics, with examples that are subsequently practised in the exercises that follow.

The book introduces the contemporary language against a backdrop of Swedish culture, society, geography, customs and history. Each unit ends with a cultural text that outlines an aspect of Swedish culture and exemplifies and consolidates the grammar topic examined in the unit.

Features include:

- clear grammatical explanations with examples in Swedish and English
- vocabulary based on a major corpus of written Swedish in order to guarantee authenticity and relevance
- cross-references to other units
- over 100 exercises with a key to all the correct answers
- full vocabulary list at the end of the book.

The book is suitable both for independent study and for class use. It can be used by absolute beginners and those who have advanced a little further.

Dr Ian Hinchliffe is a translator based in Sweden and has previously taught Swedish at universities in the UK, as well as in Norway.

Dr Philip Holmes is Reader Emeritus in Scandinavian Studies at the University of Hull, UK, and is now a translator and language editor.

Other titles available in the Grammar Workbooks series are:

Basic Arabic
Basic Cantonese
Intermediate Cantonese
Basic Chinese
Intermediate Chinese
Basic Dutch
Intermediate Dutch
Basic German
Intermediate German
Basic Irish
Intermediate Irish
Basic Italian
Basic Japanese
Intermediate Japanese
Basic Korean
Intermediate Korean
Intensive Basic Latin
Intensive Intermediate Latin
Basic Persian
Intermediate Persian
Basic Polish
Intermediate Polish
Basic Portuguese
Basic Russian
Intermediate Russian
Basic Spanish
Intermediate Spanish
Basic Swedish
Basic Welsh
Intermediate Welsh
Basic Yiddish

For more information on the series, please visit: www.routledge.com/
languages/series/SE0519

BASIC SWEDISH: A GRAMMAR AND WORKBOOK

Ian Hinchliffe and Philip Holmes

Routledge
Taylor & Francis Group

LONDON AND NEW YORK

First published 2018
by Routledge
2 Park Square, Milton Park, Abingdon, Oxon OX14 4RN

and by Routledge
711 Third Avenue, New York, NY 10017

Routledge is an imprint of the Taylor & Francis Group, an informa business

© 2018 Ian Hinchliffe and Philip Holmes

The right of Ian Hinchliffe and Philip Holmes to be identified as authors of
this work has been asserted by them in accordance with sections 77 and 78
of the Copyright, Designs and Patents Act 1988.

All rights reserved. No part of this book may be reprinted or reproduced or
utilised in any form or by any electronic, mechanical, or other means, now
known or hereafter invented, including photocopying and recording, or in
any information storage or retrieval system, without permission in writing
from the publishers.

Trademark notice: Product or corporate names may be trademarks or
registered trademarks, and are used only for identification and explanation
without intent to infringe.

British Library Cataloguing-in-Publication Data
A catalogue record for this book is available from the British Library

Library of Congress Cataloging-in-Publication Data
Names: Hinchliffe, Ian author. | Holmes, Philip, 1944- author.
Title: Basic Swedish : a grammar and workbook / Ian Hinchliffe and
    Philip Holmes.
Description: Milton Park, Abingdon, Oxon ; New York : Routledge, 2017.
Identifiers: LCCN 2017046177| ISBN 9781138779563 (hardback : alk.
    paper) | ISBN 9781138779570 (pbk. : alk. paper) | ISBN 9781351169684
    (ebook)
Subjects: LCSH: Swedish language—Textbooks for foreign speakers–
    English. | Swedish language—Grammar.
Classification: LCC PD5112 .H46 2017 | DDC 439.78/2421—dc23
LC record available at https://lccn.loc.gov/2017046177

ISBN: 978-1-138-77956-3 (hbk)
ISBN: 978-1-138-77957-0 (pbk)
ISBN: 978-1-351-16968-4 (ebk)

Typeset in Times New Roman
by Swales & Willis Ltd, Exeter, Devon, UK

CONTENTS

v

ACKNOWLEDGEMENTS

We thank Wendy Davies for her illustrations and Inga-Beth Hinchliffe and Sofia Malmgård for proofing the manuscript, and checking the authenticity of the examples, exercises and texts in Swedish. We also wish to thank our many students over the years for teaching us so much. Last but not least, we thank you for buying this book. One day, maybe the royalties from sales will pay for all the coffee we drank and the late-night candles we burned to produce it.

PREFACE

Basic Swedish is aimed at beginners and learners seeking to improve their skills in Swedish. Each of the 25 units discusses one or more grammar topics, contrasted with English where appropriate. After working systematically through the book, the user should be able to read, write and understand Swedish, and, with a little practice and confidence, hold a simple conversation in Swedish.

For simplicity's sake, grammatical explanations are deliberately kept brief; for a more exhaustive treatment of exceptions and idiosyncrasies, readers are advised to consult one of the other reference works on Swedish published by Routledge:

Colloquial Swedish by Philip Holmes, Jennie Sävenberg and Gunilla Serin
Swedish: An Essential Grammar by Philip Holmes and Ian Hinchliffe
Swedish: A Comprehensive Grammar by Philip Holmes and Ian Hinchliffe

Structure of the book

The order of the grammar topics follows what the experience of the authors as teachers has led them to consider to be the natural requirements of the learner, with a logical progression from the simple building bricks of the language to more complex applications of grammar. The importance of learning word order and sentence structure at an early stage is emphasised throughout the book, which is why no fewer than five units deal with this. There are also units introducing pronunciation and word formation.

The vocabulary has been carefully selected to include the thousand most common words in Swedish, and is introduced on a cumulative basis. There is a full vocabulary list at the end of the book.

The exercises that accompany each unit allow the user to practise and consolidate the respective topic. A key to the exercises follows Unit 25.

To aid understanding, grammatical terms that are italicised in the text are briefly explained in the glossary of grammatical terms at the end of the book.

Cultural texts

Swedish is a living language reflecting a vibrant and distinctive culture and history, one that is often relatively unfamiliar to many English-speakers. The cultural texts that accompany the units offer brief insights into relevant aspects of contemporary life and society, language, customs and some key periods in Swedish history. They are written in such a way as to include a number of examples of the specific grammar topic dealt with in the respective unit.

These cultural texts often include more advanced vocabulary than that used in the exercises. However, with the help of the workbook's vocabulary list, learners should be able to read and understand these texts, which are usually introduced with a Swedish flag.

UNIT 1
What makes Swedish familiar? . . . and a few challenges

Introduction

Swedish is spoken by around 10 million people, which means that it is not a major world language. Nevertheless, it is still a language spoken by a relatively large number of people, coming 85th out of about 6,000 languages spoken in the world. Swedish is spoken in a geographically clearly distinct and restricted area; it is the language of more than 90% of people living in Sweden and about 5% of those living in Finland, where it is also an official language. It is also a language that has been cultivated and studied assiduously over the centuries, possessing standardised spelling conventions and reliable reference books in the form of dictionaries and grammars. Swedish has a rich literature and is used in a wide range of literary and technical fields.

English and Swedish are cousin languages; Swedish is a North Germanic language, closely related to Norwegian and Danish, as well as historically to Icelandic and Faeroese. Norwegian and Swedish are regarded as mutually intelligible. Spoken Danish and Swedish are more difficult to understand for their neighbours because of differences that have emerged in pronunciation.

Pronunciation

Generally speaking, Swedish spelling reflects its sounds; it is largely a phonetic language, unlike English or French (see Unit 2).

Swedish has three vowels not found in English: **å, ä, ö**. There is a major distinction in length between long and short vowels: compare the first **a** sound in **bada** 'bathe' and **badda** 'dab', respectively (see Unit 2).

The consonants only present one major challenge: **g–, k–, sk–** are pronounced either 'hard' [g], [k], [sk] or 'soft' [j], [ç], [ʃ], depending on the vowel that follows:

- 'hard' before **a, o, u, å** in **gas** 'gas'; **kontrast** 'contrast'; **kung** 'king'; **gås** 'goose'; **skandal** 'scandal'
- 'soft' before **e, i, y, ä, ö** in **genetik** 'genetics'; **gäst** 'guest'; **Kina** 'China'; **kyss** 'kiss'; **köld** 'cold'; **skidlift** 'ski lift'.

Stress and accent

As in English, an important distinction occurs between stressed and unstressed words in the sentence (all significant words are stressed) and stressed and unstressed syllables in these words. Notice, for example, the unstressed prefixes in **be'tala** 'pay' and **för'stå** 'understand', and the stressed negative prefix in words beginning in **o–**: **'olycklig** 'unhappy'.

In compound nouns (those made up from two or more nouns), there is stress on both the first and last part of the noun, and in the spoken language in central Sweden this also shows a falling and rising tone:

↘   ↗
hus|geråd   household utensil

When two stresses occur in a single word – not a compound, but one with two syllables – they also have a distinctive tone pattern, with a rise at the end of the word that makes Swedes sound as if they are singing. This falling–rising tone pattern is often called Accent 2:

↘ ↗ ↘ ↗
Talar du svenska?   Do you speak Swedish?

       ↘   ↗↘ ↗
Hon är en gammal kvinna.   She is an old lady.

However, many bisyllabic words – including verbs in the present tense and words ending in **–er, –el, –en** – only have one rising tone, called Accent 1:

     ↗   ↗
Han låser sin cykel.   He is locking his bike.

This is the same as in monosyllabic words:

↗	↗	↗	↗	↗
bil	**ny**	**fort**	**på**	**kör**
car	new	quickly	in	drives

Vocabulary

One feature that makes Swedish easy to learn is its vocabulary. English and Swedish share a great deal of their core Germanic vocabulary, thus making many words recognisable: **arm, fot, finger, knä, kniv**. This includes words for family relationships (**broder, dotter, syster, moder, son**) and for rural life and nature (**fisk** 'fish'; **gås** 'goose'; **hund** 'dog'; **lamm** 'lamb'; **ask** 'ash tree'; **hassel** 'hazel'; **äpple** 'apple'; **gräs** 'grass'; **sten** 'stone'), as well as some numerals (**en, två, tre** . . .).

Historically, Swedish has borrowed a large number of words from German, for example:

Swedish	German	English translation
rådhus	Rathaus	town hall
ungefär	ungefähr	approximately
utvecklingsland	Entwicklungsland	developing country

Many affixes on late medieval German loans were later used in forming new Swedish words:

*an*fall	Anfall	attack
*be*tala	bezahlen	pay
*för*stå	verstehen	understand
*om*komma	umkommen	die
*om*ständig*het*	Umständlichkeit	circumstance
läs*bar*	lesbar	readable

In the seventeenth to nineteenth centuries, French provided many loans. These are now recognisable as such more by their sounds than by their spelling, which was adapted to Swedish orthographic conventions in the early nineteenth century:

Swedish	French	English translation
assiett	assiette	side plate
byrå	bureau	office
fabrik	fabrique	factory
kusin	cousin(e)	cousin
garderob	garderobe	wardrobe
pjäs	pièce	play

Over the past 200 years or so, English has exerted a profound and growing influence on Swedish, especially since the Second World War. Modern Swedish has many loanwords from British and US English:

biff	beef
intervju	interview
mejla	to send an email
paj	pie
strejk	strike

Swedish also has many words that may be pronounced differently from their English cognates but retain English spelling: **blazer, hobby, lunch, manager, radio.**

Grammar that is (quite) like English

Simple verb forms

Swedish has the same verb form throughout the tense (see Unit 3):

> **jag cyklar** 'I cycle'; **du cyklar** 'you cycle'; **han cyklar** 'he cycles'; **hon cyklar** 'she cycles'; **vi cyklar** 'we cycle'; **ni cyklar** 'you cycle'; **de cyklar** 'they cycle'

Swedish does not have a continuous tense as in 'I am cycling'. Instead, it uses the simple present: **jag cyklar**.

Similar tenses

Swedish uses tenses in much the same way as English (see Units 4 and 19f.), namely the present, past (imperfect), perfect and pluperfect. The past tense of weak verbs often ends in **–de/–te**: **jag cykla***de* 'I cycled'; **jag läs***te* 'I read'. There are also strong verbs with a vowel change in the stem:

> **jag dr***i***cker** 'I drink'; **jag dr***a***ck** 'I drank'; **jag har dr***u***ckit** 'I have drunk'; **jag hade dr***u***ckit** 'I had drunk'

Similar adjective use

As in English, adjectives used attributively always come in front of the noun:

> **en pittoresk kyrka** a picturesque church

Swedish adjectives often compare by adding **–(a)re**, **–(a)st** or with **mer**, **mest** (see Unit 17):

rik	**rikare**	**rikast**
rich	richer	richest
praktisk	**mer praktisk**	**mest praktisk**
practical	more practical	most practical

Some irregular comparisons are like English:

god	**bättre**	**bäst**
good	better	best

Grammar that is (quite) unlike English

Gender

Whereas English nouns have biological gender, 'the house – it; the girl – she; the boy – he', Swedish nouns have grammatical gender, which shows in their indefinite and definite (or end) articles. There are two *genders*, non-neuter (**en** gender) and neuter (**ett** gender), a system that therefore requires two words corresponding to 'it':

en kvinna 'a woman' – **kvinnan** 'the woman'– **hon** 'she'
en man 'a man' – **mannen** 'the man' – **han** 'he'
en skog 'a forest' – **skogen** 'the forest' – **den** 'it'
ett fjäll 'a mountain' – **fjället** 'the mountain' – **det** 'it'

Gender also shows in the form of the adjective, as adjectives agree, i.e. reflect the gender and *number* (singular/plural) of the noun with which they belong:

en stor skog	a big forest	**stor*a* skogar**	big forests
ett stor*t* fjäll	a big mountain	**stor*a* fjäll**	big mountains

Gender is to a great extent predictable; as Unit 4 will show, there are clues to be gleaned from meaning or form.

Plurals

Swedish nouns form their plural in one of seven different ways:

gata	→ **gat*or***	streets
tidning	→ **tidning*ar***	newspapers
park	→ **park*er***	parks
ko	→ **ko*r***	cows
äpple	→ **äpple*n***	apples
barn	→ **barn** (no change)	children
partner	→ **partner*s***	partner

While this complexity may initially seem daunting to an English-speaker, most Swedish plurals can be predicted from a few straightforward clues that will be explained in Unit 6.

Word order

Word order is quite different from English, but follows a fixed structure, with the finite verb (the verb showing the tense) always coming in the second position in the clause. Word order is dealt with throughout this book (see Units 5, 8, 12, 18 and 23). For now, just notice one common difference:

Han läser **en bok.**	He is reading a book.
Ibland *läser han* **en bok.**	Sometimes he reads a book.

Notice that in the second example, where a non-subject (**Ibland**) begins the *sentence*, the finite verb (**läser**) comes immediately after the non-subject in the second position in Swedish and is followed by the subject, so-called *inversion*.

The adverb comes in different positions in the main clause and subordinate clause (sub clause) (see Unit 18).

In the main clause, the adverb comes *after* the verb:

Han *läser inte* boken.   He isn't reading the book.

In the sub clause, the adverb comes *before* the verb:

Jag sa att han *inte läser* boken.   I said that he isn't reading the book.

Exercise 1.1

The following Swedish words are borrowed from English, though their spelling may have changed and some words have been translated. What are their English equivalents?

biff, bojkott, bokmärke, bordtennis, chattlinje, diskriminera (verb), **dopning, elektricitet, flörta** (verb), **fejka, flashig, frilans, hamburgare, hemsida, intervju, joggning, karaktär, konservativ, kedjereaktion, korsord, krasch, mejla** (verb), **nörd, okej, potatis, skajpa** (verb), **snobbig** (adjective), **stalkning, tajt, tejp, tränare, tuff, turist, vajer, virtuell, webbsajt**

Exercise 1.2

The following Swedish words are borrowed from French, though their spelling may have changed. What are their English equivalents?

applåder, balkong, butik, byrå, ceremoni, chef, fars, filé, gentil, jargong, kritik, löjtnant, migrän, parfym, poesi, populär, revy, salong, scen, teater, terrass

Exercise 1.3

The following Swedish words are borrowed from German, though their spelling may have changed. What are their English equivalents?

advokat, amiral, definiera, fantastisk, fest, källare, porslin, ryggsäck, soldat, tomat, valnöt, vals, ångest

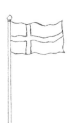

Fakta om Sverige

Yta:	447 435 km² (Nummer 3 i Europa efter Frankrike och Spanien. Samma yta som Kalifornien. 2 x Storbritannien)
Högsta punkt	Kebnekaise, 2106 meter över havet.
Befolkning	ca. 10 miljoner
Huvudstad	Stockholm
Statsöverhuvud	Kung Carl XVI Gustaf
Parlament	Riksdagen (349 platser)
Valuta	svensk krona (SEK)
Nationaldag	6 juni
Språk	svenska

UNIT 2
Pronunciation

For a general account of pronunciation, see, for example, Holmes and Hinchliffe, *Swedish: An Essential Grammar*, and to hear the sounds, see: www2.hhs.se/isa/swedish/chap9.htm.

Letters of the alphabet

The Swedish language has three vowels that English does not have. The letters Å, Ä, Ö come last in the Swedish alphabet, after Z.

The letter Å comes from a long 'a' sound and was originally written as aa in the Scandinavian languages. The letter Å was formed when a little circle ('o') was placed above the A.

The letters Ä and Ö were originally written as ae and oe. A change took place in the 1500s when the letter E was placed above the A and the O instead. This E was replaced later by two dots.

The letter W is new in Swedish word lists. The letter W was regarded for a long time as a variant of V, as it is often pronounced as [v] in Swedish. The first time that V and W were listed as separate letters in the Swedish Academy's word list was in 2006. Now you find loanwords from English such as **webb**, **windsurfing** and **workshop** under W, not under V as before.

Lip-rounding

A number of Swedish vowels have lip-rounding or over-rounding (extreme lip-rounding or 'pouting'):

	Amount of rounding	*Example*	*Pronunciation*
Long å	Lip-rounding	**båt**	[boːt]
Long o	Extreme lip-rounding ends in **w**	**ro**	[roʷː]
Short o	Lip-rounding	**trott**	[trɒt]

Long u	Extreme lip-rounding ends in **w**	**ful**	[fʉ^w:l]
Short u	Lax lip-rounding	**full**	[ful]
Long y	Open lip-rounding ends in Sw. **j**	**ny**	[nyʲ:]
Long ö	Lip-rounding	**kö**	[kø:]

Vowel length and syllables

Differences in vowel length are important in Swedish pronunciation. Short vowels are very short, shorter than in English. Long vowels are very long, much longer than in English. Using the wrong vowel length when pronouncing a word can lead to misunderstanding. In the case of two Swedish vowels (**a** and **u**), the quality of the vowel also changes with length: hence, **hal** [hɑ:l] but **hals** [hals]; **bus** [bʉ:s] but **buss** [bus]. So it is important to learn how to distinguish vowel length at the outset. The following simple rules apply:

A stressed vowel not followed by a consonant is long:	**bi**	[bi:]
A stressed vowel followed by a single consonant is long:	**bit**	[bi:t]
A stressed vowel followed by two or more consonants is short:	**biff**	[bif]
	bild	[bild]
	bitsk	[bitsk]
An unstressed vowel (here **e**) is always short:	**söker**	[sø:kər]

In other words, stressed syllables are always long, comprising:

A long vowel not followed by a consonant (open syllable):	V̲
A long vowel followed by a single consonant:	V̲C
A short vowel followed by two or more consonants:	VCC, VCCC

Exercise 2.1

Underline the long vowel in the words below (not all the words in this list have a long vowel).

Examples: **hö̲**, **höst**, **hö̲ra**, **höft**

1	hata	8	förr	15	nysta
2	hatt	9	före	16	rita
3	havet	10	fönster	17	ring
4	ha	11	först	18	river
5	baka	12	ny	19	ris
6	backar	13	nytt	20	rida
7	band	14	nysa		

The letter O

The length of a vowel is largely predictable from the rules above, and vowel quality or sound equally so. The only case where the pronunciation of a vowel is not always predictable from the written form is the letter **O**. For words with **o**, there are two possible pronunciations:

1 long and short [ɷ] such as 'oo' in the English 'book' but with lip-rounding
2 long [o:] or 'aw' in the English 'raw' but with lip-rounding – the same sound as **å** – and short [ɔ]:

1 **sol** [sɷ:l] 'sun'   **Bosse** [bɷsə]
2 **kol** [ko:l] 'coal'   **Oskar** [ɔskar]
(cf. **kål** [ko:l] 'cabbage'   **påsk** [pɔsk] 'Easter')

As a general rule, to help learners predict the pronunciation:

- when long, the pronunciation [ɷ:] is more common: **Mora**
- when short, the pronunciation [ɔ] is more common: **Stockholm**

Exercise 2.2

Short o

Place the words in the list in the correct column below according to their pronunciation:

blom, konst, bonde, oss, slott, moster, ond, jobb, roll, tom, boll

[ɔ] e.g. **kosta**   [ɷ] e.g. **tro**

_____   _____
_____   _____
_____   _____
_____   _____
_____   _____
_____   _____

Long o

Place the words in the list in the correct column below according to their pronunciation:

jord, lova, mord, son, torn, teleskop, torsdag, mor, order, ko, fjord

[o:] e.g. **ordna**   [ɷ:] e.g. **rot**

_____   _____

_____   _____

Consonant groups

g–, k–, sk–

To know how to pronounce certain consonant groups, it is necessary to distinguish the front vowels (those pronounced with the tongue at the front of the mouth) **e, i, y, ä, ö**. Before these front vowels, the letters **g–, k–, sk–** are pronounced 'soft':

g–	pronounced [j] corresponds roughly to the English **y** in 'yoke'
k–	pronounced [ç] corresponds roughly to the German **ch** in i**ch**
sk–	pronounced [ʃ] corresponds roughly to the English **sh** in '**sh**ine'

See, for example, the place names:

Getinge, Gävle, Göteborg, Kinnekulle, Köping, Skillingaryd, Skänninge, Skövde

Before **a, o, u, å**, the letters **g–, k–, sk–** are pronounced 'hard', i.e. [g], [k], [sk], or the same as in the English 'gold', 'king', 'skill'. See, for example, the place names:

Gotland, Kalmar, Kolmården, Kumla, Skara, Skåne

sj–, skj–, stj–, sch–, –si–, –ti–

These consonant groups are all pronounced in the same way as 'soft' **sk–** [ʃ] above, or as in the English '**sh**ine' before all vowels:

sjok, sjö, ske, skinn, skjuta, skylt, stjärna, schack, mission, station

Exercise 2.3

(a) Underline the place names beginning with 'soft' **g** [j]:

Götene, Gubbängen, Gäddede, Gustavsberg, Gällivare, Gammelstad, Genarp, Gislaved

(b) Underline the place names beginning with 'soft' **k** [ç]:

Karlshamn, Köpenhamn, Katrineholm, Kosta, Kivik, Kållered, Kävlinge, Kyrkhult

(c) Underline the place names beginning with 'soft' **sk** [ʃ]:

Skanör, Skellefteå, Skövde, Skurup, Skarpnäck, Skogstorp, Skultuna, Skärholmen

More consonant groups

tj–, kj–

These two groups are pronounced like 'soft' **k–** [ç], a similar sound to the German **ch** in **ich**, before all vowels:

tjej, tjock, kjol

dj–, gj–, hj–, lj–

The first letter of these initial consonant groups is silent, so all four groups are pronounced like the Swedish **j** [j] or the English consonant **y** in 'year':

djup, gjuta, hjälp, ljud

r

In Central and Northern Sweden, the consonant **r** is pronounced as a trilled tongue-tip r, something like the Scottish r in 'mu**r**der', as in **röra** [røra]. In southern Sweden, **r** is pronounced as a tongue-root **r** not unlike the French or German **r**, as in [RøRa].

–rs–

In most parts of Sweden – but not in the far south or in Finland – the consonant group –rs– is pronounced as **sh** in the English '**sh**ine':

mars, förstå, varsågod

When one word ends in **r** and the next starts in **s**, these two sounds often assimilate into [ʂ]: **för stora** [føʂtɵra] 'too big'.

–ng, –gn

The pronunciation of –ng is a single sound [ŋ] like the **ng** in southern UK English 'fi**ng**er':

inga, pengar, ängen

–**gn** is pronounced as if it were –**ngn**, i.e. [ŋn]:

vagn, **regn**, **lugn**

As seen in Unit 1, most Swedish words are pronounced as they are written; the language is largely phonetic, and pronunciation is predictable once you have learnt the few simple rules above. However, there are some frequent exceptions.

It is a common phenomenon in language change that the written language lags behind the spoken. Above, we have focused on some commonly encountered predictable (but anomalous) pronunciations in Swedish. Below, we describe some less easily predictable pronunciations that have developed over time.

Omitting –d, –g, –t at the end of some words

In many common monosyllabic words, the final –**d** is rarely pronounced. This applies, for example, to:

pronoun **vad** 'what':
Vad sa du? What did you say?   [va sɑ: dʉ]

prepositions **med** 'with'; **vid** 'by':
med bil, by car   [mɛ bi:l]
vid sjön, by the lake   [ve ʃøn]

monosyllabic adjectives such as **god** 'good'; **röd** 'red':
en god vän, a good friend   [ɛn gø: vɛn]

monosyllabic nouns such as **bröd** 'bread'; **träd** 'tree':
hembakat bröd, home-baked bread   [hɛmbɑ:kat brø:]

In some common words, the final –**g** is not pronounced:

pronoun **jag** 'I': **Jag jobbar**, I'm working   [ja jɔbar]
noun **dag** 'day': **i dag**, today   [i dɑ:]
nouns ending in –**dag**:
    måndag, Monday   [mɔnda]
    tisdag, Tuesday, etc.   [tista]

This also applies to all adjectives whose basic form ends in –**ig**:

Vad roligt! What fun!   [va rʊlit]
viktiga frågor, important questions   [vikti:a fro:gʊr]

Also the adverb **aldrig**, never   [aldri]

When an –s is added to a day of the week, the –g is rarely pronounced:

i fredags, last Friday   [i fre:das]

The final –t is not usually pronounced in the following common words ending in –t:

det, it   [de:]
mycket, a lot, much   [mykə]
litet, (a) little   [li:tə]

In the following words, the medial –d– or –g– is usually omitted in pronunciation:

sedan, then, after that   [sɛn]
sådan, sådant, sådana, such a/such   [sɔn], [sɔnt], [sɔna]
någon, något, några, some   [nɔn], [nɔt], [nɔra]
staden, the town   [stɑ:n]
dagen, the day   [dɑ:n]
morgon, morning   [mɔrɔn]

A few words whose pronunciation is not predictable from their written form

Some frequent words have totally unpredictable pronunciation, including:

de, they   [dɔm]
dem, them   [dɔm]
och, and   [ɔ]
att, (as infinitive marker) to   [ɔ]
mig, dig, sig, me, you, him/herself   [mɛj], [dɛj], [sɛj]

Exercise 2.4

In the sentences that follow, draw brackets around the letters that are not normally pronounced in Swedish.
Example: **Så(da)nt är mycke(t) roli(g)t**. That kind of thing is very funny.

1   Vad är det för dag i dag? – Det är ju tisdag!
What day is it today? – It's Tuesday, of course!

2   Finns det litet bröd eller mycket? – Vi har inte något bröd alls.
Is there a little bread or a lot? – We haven't got any bread at all.

3   Jag har aldrig upplevt en sådan regnig dag! – Vad sa du för något?
I've never experienced such a rainy day! – What did you say?

4   Det ska jag göra i morgon. – Gör det då!
I will do that tomorrow. – Do it then!

5   Har någon talat med honom om det? – Ja, det har vi faktiskt.
Has anyone spoken to him about it? – Yes, we have actually.

6   Vi ska till staden i morgon för att handla.
We are off to town tomorrow shopping.

7   Har du någonting emot det? – Nej, det har jag inte.
Do you have anything against it? – No, I haven't.

8   Sedan i söndags har han inte varit ute någonstans. Nu ska han till staden.
Since last Sunday he hasn't been out anywhere. Now he's going to town.

9   Jag var god vän med henne för några år sedan.
I was a close friend of hers some years ago.

10   Jag har aldrig sagt hur trevligt det var vid sjön.
I have never said how nice it was by the lake.

11   Vad var det jag sa skulle hända nu på tisdag?
What was it I said would happen next Tuesday?

12   Sådant är livet! Det är mycket tråkigt.
That's life! It's very dull.

Have you read carefully through the section 'Letters of the alphabet' above? If so, maybe you can work out the gist of the following text in Swedish. Good luck!

Bokstäver i alfabetet

Det svenska språket har tre vokaler som engelska inte har. Bokstäverna å, ä, ö kommer sist i det svenska alfabetet, efter z.

Bokstaven å kommer från ett långt a-ljud och skrevs ursprungligen som aa på de skandinaviska språken. Bokstaven å bildades när en liten cirkel (o) placerades ovanför A-et.

Bokstäverna ä och ö skrevs ursprungligen som **ae** och **oe**. En förändring ägde rum på 1500-talet när bokstaven E placerades ovanför A-et och O-et i stället. Detta E ersattes senare av två prickar.

Bokstaven W är ny i svenska ordlistor. Bokstaven W betraktades länge som en variant av V, eftersom det ofta uttalas som [v]. Första gången som V och W listades separat i *Svenska Akademiens ordlista* var år 2006. Nu hittar du lånord från engelskan som **webb**, **windsurfing** och **workshop** under W, inte under V som tidigare.

UNIT 3
Nouns – gender

As explained in Unit 1, Swedish nouns have one of two grammatical genders: non-neuter (or common) and neuter gender. Sometimes these are called **en** gender and **ett** gender.

Gender shows in three different ways:

- by the article used (see 1 below)
- by the form of the adjective or pronoun (see 2 below)
- by certain plural forms (see 3 below)

1   By the *indefinite* or *definite* article associated with the noun:

The indefinite article precedes the noun:

> *Non-neuter (n-n)*: **en bil** 'a car'; **en familj** 'a family'; **en väg** 'a road'; **en dator** 'a computer'; **en ö** 'an island'; **en tanke** 'a thought'; **en resa** 'a journey'; **en bro** 'a bridge'; **en förbindelse** 'a link'
> *Neuter (n)*: **ett brev** 'a letter'; **ett område** 'an area'; **ett foto** 'a photo'

In Swedish, the definite article is added to the end of the noun. For this reason, it is also known as the end article.

The definite article added to a non-neuter noun is usually **–en**:

> *Non-neuter*: **bilen** 'the car'; **familjen** 'the family'; **vägen** 'the road'

However, if a non-neuter noun ends in a vowel or in **–el, –er, –or**, the definite article is **–n**:

> *Non-neuter*: **bron** 'the bridge'; **förbindelsen** 'the link'; **ön** 'the island'; **tunneln** 'the tunnel'; **systern** 'the sister'; **datorn** 'the computer'

The definite article added to the end of a neuter noun is usually **–et**, but the definite article added to a neuter noun that ends in a vowel is **–t**:

Neuter: **brev*et*** 'the letter'; **områd*et*** 'the area'; **foto*t*** 'the photo'

2   By the form of the adjective or pronoun agreeing with the noun:

Adjectives or pronouns that agree with a singular non-neuter noun add no ending:

en stor bil   a large car
sådan otur   such bad luck

Adjectives or pronouns that agree with a singular neuter noun usually add a –**t** ending:

ett stor*t* hus   a large house
sådan*t* skräp   such rubbish

Sometimes this *agreement* is the only way to tell the gender of nouns that do not add an article (see 'Neuter' below).

3   By certain plural forms of nouns:

All nouns with a plural ending in –**or** are non-neuter, e.g. **frågor** 'questions', cf. **en fråga**.
   Most nouns with a plural ending in –**n** are neuter, e.g. **ställen** 'places', cf. **ett ställe**.

How to predict gender
from the meaning of the noun

Non-neuter

In newspaper texts, about 75% of all nouns are non-neuter.

Human beings: Most, but not all, nouns denoting human beings are non-neuter:

en kille 'a boy'; **en kvinna** 'a woman'; **en polis** 'a police officer'

There are just a few common exceptions: **ett barn** 'a child' is among the most frequent, and there are a few others, including **ett syskon** 'a sibling' and **ett biträde** 'an assistant'.

Animals: Most higher animals are non-neuter:

en katt 'a cat'; **en häst** 'a horse'; **en hund** 'a dog'

There are rather more exceptions here: **ett svin** 'a pig'; **ett får** 'a sheep'; **ett lejon** 'a lion'; **ett djur** 'an animal'.

17

Periods of time: Words for periods of time such as days, parts of the day, months and seasons are nearly always non-neuter:

> **en minut** 'a minute'; **en dag** 'a day'; **en vecka** 'a week'; **en vår** 'a spring'

But there are a few exceptions: **ett dygn** 'a day' (24-hour period); **ett år** 'a year'.

Plants: Trees, flowers and shrubs are usually non-neuter:

> **en ek** 'an oak tree'; **en ros** 'a rose'

But notice: **ett träd** 'a tree'.

Neuter

Names of continents, countries, regions and towns: The names of continents and many countries, regions and towns are neuter by gender. However, as these names rarely have articles or plurals, their neuter gender is only usually shown by the adjectives that are used with them. This is called 'hidden agreement':

> **Europa var splittrat i många små kungariken.**
> Europe was divided into many small kingdoms.

> **Norge var chanslöst mot Finland.**
> Norway had no chance against Finland.

> **Göteborg är underbart i solen.**
> Gothenburg is wonderful in the sunshine.

How to predict gender from the form of the noun

Non-neuter

Most words ending in:

–a	**en flicka** 'a girl'; **en krona** 'a crown'; **en resa** 'a journey'; **en skola** 'a school'
–are	**en läkare** 'a doctor'; **en göteborgare** 'a Gothenburger'
–else	**en berättelse** 'a story'; **en betydelse** 'a meaning'
–het	**en lägenhet** 'an apartment'; **en möjlighet** 'an opportunity'
–ing	**en tidning** 'a newspaper'; **en tävling** 'a competition'

Neuter

Most words (except those denoting people) ending in:

–ande	**ett avgörande** 'a decision'; **ett bemötande** 'a reception';	
	ett uppträdande 'a performance'	
–ende	**ett ärende** 'a task'; **ett leende** 'a smile'	

Exceptions: Words denoting people: **en studerande** 'a student'; **en gående** 'a pedestrian'

–um   **ett museum** 'a museum'; **ett faktum** 'a fact'

Exercise 3.1

From the rules given above, predict the gender by adding the indefinite article **en** or **ett**:

_____ album (album)   _____ stockholmare (Stockholmer)
_____ bakelse (pastry)   _____ lidande (suffering)
_____ regering (government)   _____ lärare (teacher)
_____ förhållande (relationship)   _____ nyhet (piece of news)
_____ gymnasium (upper   _____ påstående (assertion)
secondary school)   _____ rörelse (movement)
_____ jubileum (anniversary)   _____ svårighet (difficulty)
_____ kappa (woman's coat)   _____ övning (exercise)

Exercise 3.2

In the following sentences, give the gender of the noun in italics. Look for the clues outlined in the pages above.

                                                                en or **ett**?

1   Hon ska bli _lärare_.   _____
She's going to be a teacher.

2   _Sydamerika_ är stort – 17 miljoner kvadratkilometer.   _____
South America is big – 17 million square kilometres.

3   Varje _vår_ åker vi till Medelhavet.   _____
Every spring we go to the Mediterranean.

4   Hans _utseende_ är emot honom.   _____
His appearance is against him.

5   Det finns många _kyrkor_ från medeltiden.   _____
There are many churches from the Middle Ages.

6   De har köpt en lägenhet i _centrum_.   _____
They have bought an apartment in the centre.

7   Han höll hög _hastighet_.   _____
He maintained a high speed.

8 Språket var inget *problem*.
The language was no problem.

9 I dag ska vi bege oss till det vackra *Umeå*.
Today we are going to go to beautiful Umeå.

10 Jag hade ingen *aning*.
I had no idea.

11 Hon har haft många olika *möten* i dag.
She has had many different meetings today.

12 Vilket *parti* tänker du rösta på?
Which party are you going to vote for?

13 Ambulans krockade med *älg*. (Headline)
Ambulance hit elk.

14 Det finns god *anledning* att vara orolig.
There is good reason to be worried.

Öresundsbron

Sedan år 2000 är Öresundsförbindelsen en 16 kilometer lång motorväg och järnväg mellan Malmö i Sverige och Köpenhamn i Danmark.

Den består av en bro på den svenska sidan och en tunnel på den danska sidan. Tunneln undviker fara för flygplan till och från Köpenhamns flygplats.

Gränsen är i mitten på bron men gränskontrollen är på den svenska sidan.

Bron möter tunneln på en konstgjord ö. Ön heter Pepparholmen och ligger nära Saltholm. (En holme är ett ord för en liten ö.)

Cirka 70 000 personer använder Öresundsbron varje dag.

UNIT 4

Introduction to verbs (present tense) and personal pronouns

Introduction to verbs

Modern Swedish has one form of the verb for all persons, singular and plural, in each tense of the verb. The subject of the action is indicated by a noun or pronoun.

There are four principal *conjugations* of Swedish verbs. Conjugations I, II and III are usually known as 'weak' conjugations, and form their past tense by adding an ending to the *stem* of the verb (i.e. the part of each verb that all forms of that verb have in common; see below). Conjugation IV verbs are 'strong' verbs, and form their past tense by changing the stem vowel.

The principal parts of the verb are the infinitive (the form given as a diction-ary headword), the stem (identical with the *imperative* form), the past tense and the *supine* (used with an auxiliary verb – **har/hade** – to form the perfect and pluperfect tenses). It is useful for learners to memorise these forms, as all other forms can be derived from them (see also Units 19 and 20):

Conj.	Infinitive	Stem	Past	Supine	
I	**arbeta**	**arbeta**	**arbeta***de*	**arbeta***t*	work
IIa*	**ringa**	**ring**	**ring***de*	**ring***t*	ring
IIb*	**köpa**	**köp**	**köp***te*	**köp***t*	buy
III	**bo**	**bo**	**bo***dde*	**bo***tt*	live
IV	**dricka**	**drick**	**drack**	**druckit**	drink

* Note that conjugation II is divided into two types:
  – IIa verbs have a stem that ends in a *voiced* consonant and form their past tense by adding –**de**.
  – IIb verbs have a stem that ends in a *voiceless* consonant (i.e. –**k**/–**p**/–**s**/–**t**/–**x**) or in a single –**n** and form their past tense by adding –**te**.

Present tense forms

The present tense of verbs that belong to conjugations I and III is formed by adding –**r** to the stem:

Conj.	Infinitive	Stem	Present	
I	**arbeta**	**arbeta**	**arbetar**	work
III	**bo**	**bo**	**bor**	live

The present tense of most verbs that belong to conjugations II and IV is formed by adding **-er** to the stem:

Conj.	Infinitive	Stem	Present	
IIa	**ringa**	**ring**	**ringer**	ring
IIb	**köpa**	**köp**	**köper**	buy
IV	**dricka**	**drick**	**dricker**	drink

A handful of conjugation II verbs have a stem that ends in **-r**. These include frequently used verbs such as **hyra** 'hire'; **höra** 'hear'; **köra** 'drive'; **lära** 'teach'; **röra** 'touch'. These verbs assimilate the **-er** ending in the present tense. Their present tense form is thus identical to their stem:

Conj.	Infinitive	Stem	Present	
IIa	**köra**	**kör**	**kör**	drive

Unlike English, Swedish does not have a separate continuous form of the verb in the present tense:

De arbetar i Malmö i dag.
They are working in Malmö today.

Exercise 4.1

Give the present tense of the following verbs. To assist you, the conjugation of each verb is given in brackets before the English translation.

använda (IIa 'use') – **gå** (III 'go/walk') – **bada** (I 'bathe') – **behöva** (IIa 'need') – **betala** (I 'pay') – **betyda** (IIa 'mean') – **dammsuga** (IV 'vacuum') – **duscha** (I 'shower') – **flyga** (IV 'fly') – **fråga** (I 'ask') – **följa** (IIa 'follow') – **förstå** (III 'understand') – **glömma** (IIa 'forget') – **handla mat** (I 'buy food')'– **hjälpa** (IIb 'help') – **jobba** (I 'work') – **komma** (IV 'come') – **kosta** (I 'cost') – **laga mat** (I 'make food') – **lyssna** (I 'listen') – **läsa** (IIb 'read') – **mejla** (I 'email') – **prata** (I 'talk') – **resa** (IIb 'travel') – **räkna** (I 'count') – **se** (III 'see') – **sitta** (IV 'sit') – **sjunga** (IV 'sing') – **skriva** (IV 'write') – **spela** (I 'play') – **studera** (I 'study') – **stå** (III 'stand') – **stänga** (IIa 'close') – **säga** (IIa 'say') – **tala** (I 'speak') – **titta på tv** (I 'watch TV') – **tro** (III 'believe') – **träffa** (I 'meet') – **tvätta kläder** (I 'wash clothes') – **tycka** (IIb 'think/have an opinion') – **upprepa** (I 'repeat') – **vinna** (IV 'win') – **visa** (I 'show') – **åka buss** (IIb 'travel by bus') – **öppna** (I 'open')

Some irregular verbs

There are relatively few irregular verbs in Swedish. However, many of these verbs occur frequently in the language, as may be deduced from the examples shown below:

Infinitive	Stem	Present	Past	Supine	
vara	var	är	var	varit	be
bli	bli	blir	blev	blivit	become
ha	ha	har	hade	haft	have
kunna	–	kan	kunde	kunnat	be able, can
vilja	–	vill	ville	velat	want to

Exercise 4.2

Enter the present tense of the verb in brackets in the following text.

Ellinor (vara) lärare i matematik. Hon (jobba I) på en skola. Hon (komma IV) från Stockholm men hon (bo III) i Göteborg. Hon (tala I) svenska och engelska. Hon (läsa IIb) också danska och norska. Hon (förstå III) norska ganska bra när hon (höra IIa) språket. Hon (resa IIb) ofta till Danmark. Resan (kosta I) inte mycket. Ibland (åka IIb) en av Ellinors arbetskollegor med henne. De (köra IIa) eller (flyga IV) till Köpenhamn. Båten (gå III) från Göteborg. Ellinor (lyssna I) noga när hon (träffa I) danskar. Hon (tycka IIb) att danskarna (vara) svåra att förstå. Hon (fråga I) vad de (säga IIa) och sedan (upprepa I) hon långsamt så att hon (förstå III). Det (hjälpa IIb).

Personal pronouns: overview

Personal pronouns refer to both people and things. In Swedish, as in English, personal pronouns have subject and object forms. The object form is also used after a preposition.

Note that in the third-person singular, a Swedish personal pronoun corresponds in gender (masculine, feminine, non-neuter or neuter) to the noun it replaces or refers to:

Singular	Subject		Object	
1st person	jag	I	mig	me
2nd person	du	you	dig	you
3rd person masculine	han	he	honom	him
3rd person feminine	hon	she	henne	her
3rd person non-neuter	den	it	den	it
3rd person neuter	det	it	det	it
3rd person indefinite	man	one	en	one

Plural	Subject		Object	
1st person	**vi**	we	**oss**	us
2nd person	**ni**	you	**er**	you
3rd person	**de**	they	**dem**	them

Exercise 4.3

Replace the word(s) in brackets with an appropriate form of the pronoun in the following sentences.

Example: (Emilia) sjunger. **Hon** sjunger.

1 (Erik) läser. 2 (Robert och Erik) studerar. 3 (Lena) bor i Sverige. 4 (Oskar och jag) reser till England. 5 (Lena) pratar med (jag). 6 (Du och Oskar) hjälper (Lena och Robert).

Exercise 4.4

Now replace the word(s) in brackets with an appropriate form of the pronoun and use the correct present tense form of the verb. The conjugation to which each verb belongs is given in brackets.

Example: (Emilia) + sjunga (IV). **Hon** sjung**er.**

1   (Peter) + vinna (IV) spelet.
2   (Jag och Moa) + flyga (IV) till Danmark.
3   (Herr och fru Svensson) + arbeta (I) i Stockholm.
4   (Ni och jag) + läsa (IIb) en bok.
5   (Du och Oskar) + stå (III) och titta (I).
6   (Lena) + höra (IIa) (Oskar).
7   Dammsuga (IV) (pappa) huset?
8   (Läkaren) + ringa (IIa) till (Oskar).
9   (Alice och Emil) + öppna (I) en butik.
10 (Mamma) + skriva (IV) till (du).
11 (Pappa) + glömma (IIa) tidningen.
12 (Killen) + gå (III) till skolan.
13 (Tåget) + gå (III) från Stockholm.
14 (Bussarna) + köra (IIb) från Malmö till Lund.
15 (Kvinnorna) + bo (III) i Sverige.

Personal pronouns: den, det, de

In addition to serving as personal pronouns, **den**, **det**, **de** are also used as demonstrative pronouns (see Unit 10).

Det also has a number of *idiomatic* usages:

(a) As a *complement* of **vara/bli** when the verb is followed by a noun or pronoun, irrespective of gender or number:

Vad var det? – Det var en katt. / Det var jag.
What was that? – It was a cat. / It was me.

Vem är hon? – Det är min mamma.
Who's she? – She's my mum.

Bröderna Olsson, det är två fina killar.
The Olsson brothers, they're two fine lads.

(b) As a *formal subject*. Swedish may use **det** + any intransitive verb in this way. English generally uses only the verb 'to be':

Det är dyrt att flyga till Kina.
It's expensive to fly to China.

Det finns ingen matta på golvet.
There's no carpet on the floor.

Det bor många svenskar i London.
There are a lot of Swedes living in London.

(c) As an *impersonal* subject:

Det blåste och det snöade.	It was windy and snowing.
Det kändes mycket kallt.	It felt very cold.
Hur står det till?	How are you? / How's things?
Hur gick det?	How did it/things go?

(d) As an object of verbs expressing 'think/believe/hope/say', etc.:

Är han frisk nu? – Läkarna tror/hoppas/säger det.
Is he well now? – The doctors think/hope/say so.

(e) Without an English equivalent, in answer to questions as a complement of **vara/bli** or an object of auxiliary verbs (see Unit 11):

Är han rik? – Nej, det är han inte. Is he rich? – No, he's not.
Kan du simma? – Ja, det kan jag. Can you swim? – Yes, I can.

(f) Without an English equivalent, to refer back to a complete clause:

Han säger att han bor i ett slott, men det gör han inte.
He says he lives in a castle, but he doesn't.

Exercise 4.5

Answer the following questions in Swedish, using the example as your template (the English translation of the Swedish adjective is given in brackets). Some questions you will need to answer with **Ja**; others with **Nej** + **inte**.

Example: Är du sjuk? **Nej, det är jag inte**.

1   Är du ung (young)?
2   Är du gammal (old)?
3   Är du lång (tall)?
4   Är du stark (strong)?
5   Är du snäll (kind)?
6   Är du hungrig (hungry)?
7   Är du dum (stupid)?
8   Är du glad (happy)?
9   Är du fattig (poor)?
10   Kan du läsa?

Fika

Fika är ett verb som betyder "ta en kaffepaus." Fika är också ett substantiv som betyder kafferast: "Du behöver ta en fika."

Svenskar dricker nästan 10 kilo kaffe per person och år. Det är mellan 3 och 4 koppar per dygn. Bara i Finland dricker man mer.

Till kaffet köper man gärna kaffebröd. Till exempel ett wienerbröd eller en kanelbulle. Vissa populära kakor har konstiga namn som dammsugare (choklad och grön marsipan), drömmar (småkex) eller Napoleonbakelse (mille-feuille).

UNIT 5
Word order – statements and questions

FV1 and FV2 clauses

Main clause sentences are often classed according to the position of the *finite verb* (FV, the verb showing the tense – present or past). In what are called FV1 *clauses*, the finite verb comes first in the sentence, and in FV2 clauses it comes second after some other word or words:

FV1	*Talar* **du svenska?**	Do you speak Swedish?
FV2	**Du** *talar* **svenska.**	You speak Swedish.

Statements in Swedish are always FV2:

FV2	**De** *åker* **bort i morgon.**	They are leaving tomorrow.
FV2	**I morgon** *åker* **de bort.**	Tomorrow they are leaving.

If the subject (**de** in the sentence above) does not come first in the clause, it comes after the finite verb; in other words, the verb and subject are inverted or swapped around.

Questions are of two types:

The yes/no question (the answer to which is 'yes' or 'no') is FV1-inverted, as in English:

Åker de bort i morgon?   Do they leave tomorrow?

The *v-question* (a question that starts with a **v**-word, see below) is FV2-inverted:
Vad *läser* **du?**   What are you reading?

V-words

V-words are *interrogatives* that introduce a **v**-question. Often, but not always, they begin with the letter **v**:

vad, what?	**Vad gör du?**	What are you doing?
var, where?	**Var är vi?**	Where are we?
vem, who?	**Vem är den där killen?**	Who is that guy?
vilka, which?	**Vilka kläder ska jag ta?**	Which clothes shall I take?
varför, why?	**Varför är han arg?**	Why is he angry?
varifrån, where . . . from?	**Varifrån kommer du?**	Where do you come from?

Two interrogatives that do not begin with the letter **v** are:

när, when?	**När kommer de?**	When are they coming?
hur, how?	**Hur vet du det?**	How do you know that?

Fronting

Notice that in statements (as in 1 below) and **v**-questions (2), the verb always comes second, while in yes/no questions (3) it comes first. In statements (1, 4) any sentence elements, including the *object* (4), may come first, preceding the verb, but this kind of *fronting* is most common with manner, place, time (MPT) expressions (5), which often comprise a preposition + noun, e.g. **med flit** 'deliberately'; **i stan** 'in town'; **vid jul** 'at Christmas'.

1 **De**   **åker**   **bort i morgon.**
   They are leaving tomorrow.

2 **När**   **åker**   **de bort?**
   When are they leaving?

3 **Talar**   —   **du svenska?**
   Do you speak Swedish?

4 **Tre kilometer**   **går**   **han varje dag till skolan!**
   Three kilometres he walks every day to school.

5 **I morgon**   **åker**   **de bort.**
   Tomorrow they're leaving.

Exercise 5.1

Look at the punctuation shown after the jumbled words and make the words into either statements or yes/no questions accordingly.

Example: te / dricker / han ?   **Dricker han te?**

1 från Frankrike / kommer /
   Anne-Marie ?   _____

2 middag / lagar / hon ?   _____

3 heter / han / Lennart .   _____

4 Eva / kör / bil ?   _____

5 de / i Uppsala / bor ?   _____

6 tittar / på tv / Johan .   _____

7 till jobbet / chefen / en dator / tar .   _____

8 till jobbet / chefen / en dator / tar ?   _____

Exercise 5.2

In the pairs of sentences below, complete the equivalent statement or yes/no question.

e.g. *Statement*   *Yes/no question*
Sven är ingenjör.   Är Sven ingenjör?

1 _____   Arbetar hon i dag?

2 Hon är lycklig.   _____

3 _____   Jobbar hon för IKEA?

4 De är studenter.   _____

5 _____   Åker vi nu?

6 De har inga barn.   _____

7 _____   Äter Sven inte kött?

8 Det snöar mycket.   _____

Exercise 5.3

Make **v**-questions out of the following jumbled words.

1 du / kommer / varifrån ?

_____

2 ligger / var / Storgatan ?

_____

3 studerar / du / svenska / var ?

_____

4 börjar / när / filmen ?

_____

5   de / flyttar / varför / till Amerika ?

_____

6   vädret / blir / hur / i morgon ?

_____

Exercise 5.4

Place the word or words in italics at the front of the sentence (fronting) and adjust the word order.

1   De åker alltid till västkusten *på sommaren*.

_____

2   Snön ligger flera meter djupt *i Lappland*.

_____

3   Han köper *mjölk* på vägen hem.

_____

4   Sverige blev medlem i EU *år 1995*.

_____

5   Vi flyger till Spanien *senast den 10 januari*.

_____

6   Staden Helsingborg ligger *vid Öresund*.

_____

7   Vi hade faktiskt arbetat *hela söndagen*.

_____

8   Han träffar *Johanna* i staden.

_____

9   Flygplanet är *snart* klart för ombordstigning.

_____

10 Hans fru satt och väntade *hemma*.

_____

Vett och etikett

Vad gör man när man träffas?
Man tar varandra i hand. Ibland pussar man varandra på kinden.
Det är vanligt att presentera folk för varandra: "Anna, detta är
min vän Nils Svensson. Nils, detta är min syster, Anna."

När säger man "Tack för maten"?
Man säger det när man är bortbjuden på middag och lämnar
bordet efter maten. Sedan säger man "tack för senast" när man
träffar värden eller värdinnan nästa gång.

Var håller man glaset när man skålar?
Före och efter en skål håller man glaset cirka 10 centimeter
under hakan och ser den andra personen i ögonen.

Vem tar bort pappret från blommorna?
Den person som ger blommorna tar alltid bort pappret.

Varför måste jag vara i tid?
Det är oartigt att komma mer än 15 minuter för sent till en fest.

Vilka samtalsämnen undviker man på en fest?
Politik, religion, sjukdomar och ekonomi.

Hur svarar man i telefon?
Man svarar med namn. Man säger inte bara "hallå."

UNIT 6
Nouns – **s**-genitives and plurals

s-genitives

The **s**-genitive in Swedish is often the equivalent of the English 's or s' form of the noun, or the 'of' genitive:

killens mamma	the boy's mother
tjejernas pappa	the girls' dad
husets tak	the roof of the house

Swedish also has prepositional genitives, e.g. **taket** *på* **huset** 'the roof of the house'; **hälften** *av* **boken** 'half of the book'. Notice, however, that **av** is much less common than 'of', and normally means 'by': **ett drama av Strindberg** 'a play by Strindberg'.

Exceptions: Place names ending in a vowel or –s/–z have no genitive ending: **Uppsala domkyrka** 'Uppsala Cathedral'; **Malmö slott** 'Malmö Castle'; **Schweiz kommuner** 'the municipalities of Switzerland'. But compare a place name that ends in a consonant: **Stockholms skärgård** 'the Stockholm Archipelago'.

Exercise 6.1

Using the words provided underneath the English expression, translate the following phrases into Swedish using the **s**-genitive.

Example:
The top of the mountain   **bergets topp**
topp berget

1 The capital of Great Britain   _____
huvudstad Storbritannien

2 The University of Stockholm   _____
universitet Stockholm

3 Erik's grandfather   _____
farfar Erik

4   The Copenhagen underground   _____
tunnelbana Köpenhamn

5   The end of winter   _____
slut vintern

6   The inhabitants of Finland   _____
invånare Finland

7   The large towns of Skåne   _____
stora städer Skåne

8   The head teacher of the school   _____
rektor skolan

9   The mountains of Norway   _____
fjäll Norge

10   The lakes and rivers of Sweden   _____
sjöar och floder Sverige

11   The surroundings of Västerås   _____
omgivningar Västerås

12   The countries of Scandinavia   _____
länder Norden

Noun declensions

As shown in Unit 1, Swedish has seven ways of forming the plural of nouns, by adding
–or, **–ar**, **–er**, **–r**, **–n**, zero or **–s** to the stem of the noun, for example:

blomm*or*, ändring*ar*, bild*er*, ko*r*, ställe*n*, brev, designer*s*
flowers, changes, pictures, cows, places, letters, designers

Nouns with plurals that share the same ending form a *declension*. If we simplify
slightly, the seven declensions comprise the following kinds of nouns.

First declension: plural in –or

Almost all non-neuter nouns ending in **–a**. These drop the **–a** before adding the plural
ending:

en skola   två skolor
a school   two schools

Second declension: plural in –ar

Only non-neuter nouns; most single-syllable nouns ending in a consonant and some
single-syllable nouns ending in a vowel:

en dag	**två dagar**
a day	two days
en bro	**två broar**
a bridge	two bridges

Some nouns ending in unstressed –**e**, which is dropped in the plural:

en timme	**två timmar**
an hour	two hours

Almost all nouns ending in –**ing**:

en tidning	**två tidningar**
a newspaper	two newspapers

Third declension: plural in –er

This is the most heterogeneous noun group. Many nouns, often of foreign origin, of both genders ending in a stressed *syllable*:

en lektion	**två lektioner**
a lesson	two lessons
ett kafé	**två kaféer**
a café	two cafés

Many monosyllabic non-neuter nouns ending in a consonant (but see also 'Second declension'):

en grupp	**två grupper**
a group	two groups

A small but frequent group of nouns that change the stem vowel in the plural and therefore have to be learnt individually. These include:

en hand	**två händer**
a hand	two hands
en bok	**två böcker**
a book	two books

Fourth declension: plural in –r

A small number of mostly non-neuter nouns ending in –**e** (–**ie**, –**je**, –**else**, etc.) and some other vowels:

en aktie	**två aktier**
one share	two shares

en stadsbo   **två stadsbor**
a city dweller   two city dwellers

Fifth declension: plural in –n

A small number of neuter nouns ending in an unstressed vowel:

ett arbete   **två arbeten**
a job   two jobs

Sixth declension: zero plural

There are two main types:

(a)   Many neuter nouns ending in a consonant:

ett program   **två program**
a programme   two programmes

(b)   A few non-neuter nouns denoting people and artefacts and ending in **–are**, **–er**, **–ande**, **–ende**:

en hammare   **två hammare**
a hammer   two hammers

en politiker   **två politiker**
a politician   two politicians

en ordförande   **två ordförande**
a chair(person)   two chair(person)s

Seventh declension: plural in –s

A new declension including rather few (mostly English) loanwords:

en fan   **två fans**

Often, when these nouns have become more established in Swedish, they take indigenous plural forms, for example:

en jumper   **två jumpers** becomes **två jumprar**

Plurals that involve dropping a stem vowel

This mostly occurs in words of the second and third declension with stems ending in unstressed **–el**, **–en**, **–er**:

en fågel   **två fåglar**
a bird   two birds

en möbel   **två möbler**
a piece of furniture   two pieces of furniture

Exercise 6.2

Fill in the missing singular or plural form as shown in the examples.

First declension

en tröja	tröjor	mattor	en matta
a sweater	sweaters	rugs	a rug
en våffla	_____	**hyllor**	**en** _____
a waffle		shelves	
en skada	_____	**räkor**	**en** _____
an injury		prawns	
en skiva	_____	**soffor**	**en** _____
a slice		sofas	

Second declension

en dörr	dörrar	ungar	en unge
a door	doors	kids	a kid
en förening	_____	**öar**	**en** _____
a society		islands	
en boll	_____	**varningar**	**en** _____
a ball		warnings	
en tanke	_____	**handskar**	**en** _____
a thought		gloves	

Third declension

en park	parker	familjer	en familj
a park	parks	families	a family
en kanal	_____	**stationer**	_____
a canal		stations	
en restaurang	_____	**toaletter**	_____
a restaurant		toilets	
ett konditori	_____	**detaljer**	_____
a coffee shop		details	

Fourth declension

en ko	**kor**	**rörelser**	**en rörelse**
a cow	cows	movements	a movement
ett fängelse	_____	**kommissarier**	_____
a prison		police inspectors	
en serie	_____	**sambor**	_____
a series		life partners	
en tå	_____	**linjer**	_____
a toe		lines	

Fifth declension

ett frö	**frön**	**ansikten**	**ett ansikte**
a seed	seeds	faces	a face
ett piano	_____	**frimärken**	_____
a piano		postage stamps	
ett ställe	_____	**foton**	_____
a place		photos	
ett område	_____	**möten**	_____
an area		meetings	

Sixth declension

ett rum	**rum**	**lärare**	**en lärare**
a room	rooms	teachers	a teacher
ett bord	_____	**gående**	_____
a table		pedestrians	
en tekniker	_____	**fönster**	_____
a technician		windows	
ett exempel	_____	**källare**	_____
an example		basements	

Predicting the plural form

As we can see from the above, knowing the gender is a great help in predicting the likely plural ending. After that, the choice is narrowed by more obvious features, as follows:

Is the noun non-neuter or neuter?

Non-neuter

Does it end in a stressed or an unstressed syllable?

Unstressed

in –a	drops –a, adds plural in –or	**en gata**	**två gator**
		a street	two streets
in –e	drops –e, adds plural in –ar	**en kille**	**två killar**
		a boy	two boys
Stressed	adds plural in –er	**en meny**	**två menyer**
		a menu	two menus

Neuter

Does it end in a consonant or a vowel?

Consonant	zero ending	**ett hus**	**två hus**
		a house	two houses

Vowel

Is the vowel stressed or unstressed?

Stressed	adds plural in –er	**ett geni**	**två genier**
		a genius	two geniuses
Unstressed	adds plural in –n	**ett löfte**	**två löften**
		a promise	two promises

Exercise 6.3

Give the plural indefinite form. See the clues to prediction above.

1 en trappa   _____
2 en kille   _____
3 ett ansikte   _____
4 en skönhet   _____
5 ett bröst   _____
6 en elektriker _____
7 en städare   _____
8 ett rally   _____

 9   ett hotell   _____
10   en skrivning   _____
11   en medicin   _____
12   ett minne   _____
13   en armé   _____
14   en resande   _____
15   en cigarett   _____
16   ett tåg   _____
17   en tablett   _____
18   en läkare   _____
19   ett lexikon   _____
20   en skillnad   _____
21   ett arbete   _____
22   en lampa   _____

Nationalparker och naturreservat

Sverige har 29 nationalparker. Regeringen har pekat ut flera nya
områden som lämpliga kandidater.

Nationalparkernas olika miljöer representerar delar av rikets
vackraste natur och finaste naturupplevelser.

Naturvårdsverket har ansvar för områdena. Verkets arbete
skyddar parkernas djur och växter och bevarar naturens
mångfald för morgondagens generationer.

Parkerna täcker 1,6 % av Sveriges yta och består av många
landskapstyper: fjäll, ängar med massor av blommor, djupa
skogar, grottor, sanddyner och korallrev vid västkustens
klippor.

Sverige har också drygt 4 500 naturreservat, mest i landets
norra delar. Reservaten skyddar skogar, vattendrag, betesmarker
och skärgårdar och sörjer för människans behov av friluftsliv.

Exercise 6.4

Give the singular form of the following nouns used in the plural in the text above.

områden   _____
kandidater   _____
miljöer   _____

naturupplevelser   _____

djur   _____

blommor   _____

vattendrag   _____

skärgårdar   _____

Exercise 6.5

Give the plural form of the following nouns used in the text above.

nationalpark   _____

generation   _____

skog   _____

betesmark   _____

rike   _____

fjäll   _____

del   _____

klippa   _____

UNIT 7
Numerals, time expressions, days and months

Nummer – numerals

Cardinal numbers		Ordinal numbers
0	noll	
1	ett	första
2	två	andra
3	tre	tredje
4	fyra	fjärde
5	fem	femte
6	sex	sjätte
7	sju	sjunde
8	åtta	åttonde
9	nio	nionde
10	tio	tionde
11	elva	elfte
12	tolv	tolfte
13	tretton	trettonde
14	fjorton	fjortonde
15	femton	femtonde
16	sexton	sextonde
17	sjutton	sjuttonde
18	arton	artonde
19	nitton	nittonde
20	tjugo	tjugonde
21	tjugoett/tjugoen[1]	tjugoförsta
30	tretti(o)	trettionde
32	tretti(o)två	tretti(o)andra
40	fyrti(o)	fyrtionde
43	fyrti(o)tre	fyrti(o)tredje
50	femti(o)	femtionde
60	sexti(o)	sextionde
70	sjutti(o)	sjuttionde
80	åtti(o)	åttionde

41

90	**nitti(o)**	**nittionde**
100	**(ett) hundra**	**hundrade**
200	**tvåhundra**	**tvåhundrade**
1000	**(ett) tusen**[2]	**tusende**

Notes

1 The suffix **–en** is widely used before both neuter and non-neuter nouns, but **tjuguett/trettioett**, etc. are used with a small number of nouns signifying years, numbers, currency values and clock time.

2 No comma in Swedish **1000**, etc. Note, however, that Swedish uses a decimal comma (**25,5**) where English has a decimal point (25.5).

Exercise 7.1

Write out the sums in longhand as shown in the example below.

Example: 6 + 7 = 13   **sex** plus **sju** är lika med **tretton**

1 46 − 22 = 24
_____ minus _____ är lika med _____

2 9 × 16 = 144
_____ gånger _____ är lika med _____

3 99 ÷ 33 = 3
_____ delat med _____ är lika med _____

4 118 + 821 = 939
_____ plus _____ är lika med _____

Exercise 7.2

Answer the questions below with a complete sentence using the figures in italics and writing them out in full.

1 Jag bor på Storgatan elva B. Var bor du?
   92 A

2 Jag fyller år den trettonde april. När fyller du år?
   24 november

3 Mitt mobilnummer är noll sju noll tjugotvå trettiotre sextiosex. Vad har du för mobilnummer?
   076 19 44 51

4   Jag kom till Sverige år nittonhundranittiofem och blev svensk medborgare år
    tvåtusentre. Du då?
    1999, 2011

5   En kopp kaffe kostar trettiosex kronor. Vad kostar en kopp te?
    35 kronor

Månaderna – the months of the year

Swedish months of the year do not begin with a capital letter unless they start a sentence. For English-speakers, the names of the months should be easily recognisable. The following rhyme is sometimes used to teach Swedish children the names and sequence of the months:

Januari börjar året, **februari** kommer näst.
Mars, april har knopp i håret, **maj** och **juni** blommar mest.
Juli, augusti och **september,** härlig sommar är det då!
Men **oktober** och **november** samt **december** är så grå.

Veckodagarna – the days of the week

Swedish days of the week do not begin with a capital letter unless they start a sentence:

måndag	pronounced	*månnda*
tisdag		*tista*
onsdag		*onsta*
torsdag		*torsta*
fredag		*freda*
lördag		*lörda*
söndag		*sönnda*

'On Monday' (repeated action or future action) is rendered in Swedish by **på måndag**. 'Last Monday' is rendered by **i måndags**. 'Next Monday' is **nästa måndag** and '(on) the following Monday' is **följande måndag**.
    Swedish children use a rhyme to learn the sequence of the weekdays:

På måndag gör jag ingenting.
På tisdag tittar jag omkring.
På onsdag sitter jag mestadels still.
På torsdag gör jag vad jag vill.
På fredag vilar jag riktigt redigt.
För på lördag och söndag har jag äntligen ledigt!

Note also:

i dag 'today'; **i morgon** 'tomorrow'; **i övermorgon** 'the day after tomorrow';
i går 'yesterday'; **i förrgår** 'the day before yesterday'

på morgonen 'in the early morning'; **på förmiddagen** 'in the morning'
(approx. 9:00–12:00); **på eftermiddagen** 'in the afternoon'; **på kvällen** 'in the
evening'; **på natten** 'in the night/at night'; **på helgen** 'at the weekend';
i morse 'earlier this morning'

Exercise 7.3

Write the respective day and date in the gap in the sentences below.

I dag är det måndag den tjugonionde juni.

1 I går var det _____.
2 I morgon är det _____.
3 I övermorgon är det _____.
4 I förrgår var det _____.

Exercise 7.4

Replace the figures in brackets with a written form of the relevant date of birth, as
shown in the first sentence (note that Swedish numerical notation is often in the form
of year, month, date).

Sveriges Kung Carl XVI Gustaf är född (1946-04-30) **den trettionde april
nittonhundrafyrtiosex.**
(1976-06-19) gifte han sig med Silvia Sommerlath. Kungaparet har tre barn.
Kronprinsessan Victoria är född (1977-07-14), Prins Carl Philip är född
(1979-05-13) och Prinsessan Madeleine är född (1982-06-10). Kungaparets
första barnbarn, Victorias dotter, Estelle, är född (2012-02-23).

Exercise 7.5

Sweden has around a dozen public holidays (**helgdagar**) each year. These are com-
monly known as **röda dagar** ('red days') as they are usually marked in red on calen-
dars. Write out the date of the public holidays in the following sentences.

1 Julafton är den 24 _____ december.
2 Man firar Sveriges nationaldag den 6 _____ juni.
3 Påskdagen 2017 var den 16 _____ april.

4 Långfredagen var då den 14 _____ april.
5 Arbetarrörelsens dag infaller den 1 _____ maj varje år.

Exercise 7.6

In the text below, replace the English words in brackets with the corresponding Swedish expression.

Jag var i Stockholm (last Sunday). Jag åker till Stockholm igen (on Wednesday) och (next Thursday) flyger jag till England. Jag träffar vänner i Oxford (on Friday). Sedan åker vi tillsammans till London (on Saturday). De åker ofta till London (at the weekend) för att gå på teater. Jag kommer hem igen (on the following Tuesday).

Klockan – the clock

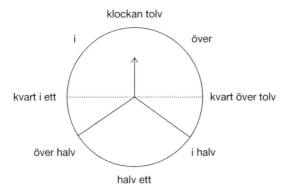

Swedish does not use a preposition in time phrases that correspond to the English 'at one o'clock', etc.:

Vi börjar jobba klockan åtta.   We start work at eight o'clock.

'Half past' an hour in English is always expressed as 'half (to)' the following hour in Swedish:

halv tolv   half past eleven
halv ett   half past twelve

Note that Swedes have a special way of expressing time in the period between twenty-one minutes past the hour and twenty-one minutes to the hour (see clock diagram):

sex minuter i halv fyra   twenty-four minutes past three
fem minuter över halv fyra   twenty-five (minutes) to four

Hur mycket är klockan? – What time is it?

Note that Swedish uses **klockan är** ('the time is') or **hon är** (literally: 'she is') to render 'it is' + clock time expression:

Klockan/hon är ett.	The time is/it is one o'clock.
Klockan är en minut över/i ett.	It's one minute past/to one.
Klockan är fem (minuter) i tre.	It's five (minutes) to three.
Klockan är (en) kvart i/över fem.	It's (a) quarter to/past five.
Klockan är halv sex.	It's half past five.

Klockan är fem (minuter) i halv sex/över halv sex.
It's twenty-five (minutes) past five/to six.

Note also:

midnatt	midnight
fm = förmiddag	a.m. = morning
em = eftermiddag	p.m. = afternoon

Hur dags [pronounced hurdaks] **går tåget? – Tåget går klockan åtta.**
What time does the train leave? – The train leaves at eight o'clock.

När kommer bussen? – Någon gång mellan åtta och nio.
When does the bus come? – Some time between eight and nine (o'clock).

The 24-hour clock is used for timetables and official notices in Sweden:

13:25 = **tretton och tjugofem (fem i halv två)**

Exercise 7.7

Replace the time in figures (24-hour clock) with the respective time written in words (12-hour clock) in the sentences below.

En typisk dag

Jag vaknar klockan 7:00. Jag ligger i sängen och lyssnar på radio till 7:15. Sedan duschar jag och klär på mig. Jag äter frukost mellan 7:30 och 8:00. Jag tar bussen 8:10 och är på kontoret 8:35. Vi har rast på jobbet klockan 10:00 och en timmes lunch från 11:45.

På eftermiddagen fikar vi 14:15. Kontoret stänger 16:30 men det finns alltid mycket att göra innan det är dags att sluta för dagen någon gång mellan 17:00 och 17:45. Bussen hem går 17:50.

På kvällen äter jag kvällsmat klockan 19:00 och tittar på tv-nyheterna från 19:30 till 19:55. Sedan läser jag en bra bok och lägger mig runt 22:30-tiden.

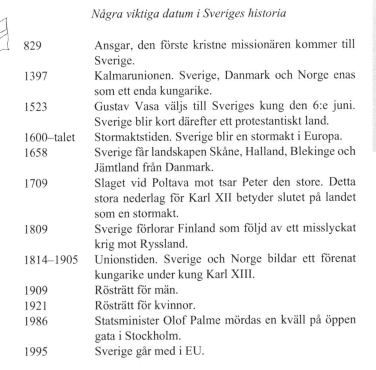

829	Ansgar, den förste kristne missionären kommer till Sverige.
1397	Kalmarunionen. Sverige, Danmark och Norge enas som ett enda kungarike.
1523	Gustav Vasa väljs till Sveriges kung den 6:e juni. Sverige blir kort därefter ett protestantiskt land.
1600–talet	Stormaktstiden. Sverige blir en stormakt i Europa.
1658	Sverige får landskapen Skåne, Halland, Blekinge och Jämtland från Danmark.
1709	Slaget vid Poltava mot tsar Peter den store. Detta stora nederlag för Karl XII betyder slutet på landet som en stormakt.
1809	Sverige förlorar Finland som följd av ett misslyckat krig mot Ryssland.
1814–1905	Unionstiden. Sverige och Norge bildar ett förenat kungarike under kung Karl XIII.
1909	Rösträtt för män.
1921	Rösträtt för kvinnor.
1986	Statsminister Olof Palme mördas en kväll på öppen gata i Stockholm.
1995	Sverige går med i EU.

UNIT 8

Word order – position of elements in the main clause

Clausal adverbial (adverb)

Clausal adverbials modify the sense of the whole clause:

Compare: **Han är *ofta* sjuk.**   He is often ill.
Han är *aldrig* sjuk.   He is never ill.

Typical clausal adverbials are short adverbs, such as **inte** 'not'; **aldrig** 'never'; **alltid** 'always'; **genast** 'immediately'; **ofta** 'often'; **ju** 'of course'; **väl** 'certainly'; and adverbs ending in **–ligen**, such as **förmodligen** 'presumably'.

In Swedish, the clausal adverbial (CA) in the main clause (the adverb that qualifies the whole clause) always comes after the finite verb (FV). In English, the order varies:

Simple verb – word order often unlike English
Han kör *aldrig* fort.   Compare: He never drives fast.
   FV   CA   CA   FV

Two-verb construction – word order often like English
Han kan *inte* köra.   Compare: He cannot drive.
   FV CA   FV   CA

For word order with clausal adverbials in the subordinate clause, see Unit 21. For two-verb constructions, see Unit 11.

Object and complement

These may also be fronted (see Unit 5), and this happens more often than in English:

Object
Han gillar inte *pizza*.   He does not like pizza.
***Pizza* gillar han inte.**

Subject complement
Han heter *Lukas*.   He is called Lukas.
***Lukas* heter han.**

Other adverbials

Other adverbials include expressions of manner, place, time, cause, condition, etc.
For this reason, they are often called MPT expressions. Adverbs of manner (see
Unit 21) include adverbs formed from adjectives by adding –t: **långsamt** 'slowly'.
MPT expressions are often a preposition + noun construction. These expressions
come either at the end of the main clause or at the front:

De reser *billigt*.	They travel cheaply.	Manner
De reser *med buss*.	They are going by bus.	Manner
De reser *till Lund*.	They are going to Lund.	Place
De reser *på söndag*.	They are going on Sunday.	Time
***På söndag* reser de.**		

Some MPT expressions are subordinate clauses:

De reser *om de får ledigt*.	They go if they get the time off.
***Om de får ledigt* reser de.**	If they get the time off, they go.

De reser *när de har tid*.	They go when they have time.
***När de har tid* reser de.**	When they have time, they go.

Exercise 8.1

Place the clausal adverbial provided in the correct position in these main clause sentences, as in the example.

väl Du kommer hem till oss i morgon.
     Du kommer *väl* hem till oss i morgon.

1 *inte*   De går i skolan på lördagarna.
_____

2 *aldrig*   Elin reser till Italien.
_____

3 *ofta*   Olle väljer färggranna skjortor.
_____

4 *tyvärr*   Just nu är han ute.
_____

5 *gärna*   På kvällen sitter hon och ser på tv.

___

7 *inte*   Regnar det lika mycket i Göteborg?

___

8 *faktiskt inte*   Efteråt kunde hon komma ihåg det.

___

9 *nog*   Han ställer in bilen i garaget.

___

10 *egentligen*   Är han så intelligent som du tror?

___

11 *antagligen*   De har mer pengar än många studenter.

___

12 *alltid*   På sommaren har de trevliga fester.

___

Exercise 8.2

Rearrange the following groups of words into sentences (statements or questions,
depending on the punctuation supplied). The sentences will include objects, comple-
ments and MPT expressions.

1 på tv / varje kväll / vi / ser på / nyheterna .

___

2 måste / alltid / han / vara / så förfärligt tråkig ?

___

3 heter / han / egentligen / inte / Frasse .

___

4 i affären / i dag / några äpplen / har / de ?

___

5 trött / jag / blir / på kvällen .

___

6 varför / hon / hela tiden / måste / vara / så blyg ?

___

Exercise 8.3

Construct statements from the jumbled words, beginning with the words in italics.
The sentences taken together form a simple narrative.

1 Eva / vaknar / *klockan sju* .

2 har / två katter / *hon* / i köket .

3 duschar / hon / *först* .

4 till frukost / lagar / hon / *sedan* / gröt .

5 dricker / hon / *kaffe* / efter frukost .

6 sedan / *hon* / till skolan / kör / .

7 lärare / är / *hon* .

8 börjar / *lektionerna* / klockan åtta .

9 äter / *lunch* / klockan elva / hon .

10 slutar / skolan / *klockan två* .

11 åker / hon / *sedan* / hem .

12 hon / *på kvällen* / lektioner / förbereder / till morgondagen .

Skolsystemet

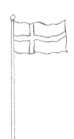

Förskola – Förskolan är för barn från 1 år. Förskolan är frivillig
och gör det möjligt för föräldrar att kombinera föräldraskap med
arbete eller studier.

Förskoleklass – Plats i förskoleklass kan barn vanligtvis få från
och med 6 års ålder. Därför kallas den ibland för sexårsverksamhet.
Förskoleklassen är frivillig och ingår inte i skolplikten.

Grundskola – I Sverige gäller skolplikt för alla barn mellan 7 och
16 år. Grundskolan uppdelas alltid i tre treåriga stadier: lågstadium,
mellanstadium och högstadium. Nationella prov genomförs i vissa
ämnen i årskurs 3, 6 och 9 men barn brukar inte få betyg förrän i
sjätte klass. Bra betyg ger nästan alltid förtur när man söker plats
på gymnasieskola.

Gymnasieskola – Ungdomar som har avslutat grundskolan har alltid rätt till en treårig gymnasieutbildning.

Folkhögskola – Sedan 1844 finns en speciell nordisk form av skola. Folkhögskolan ersätter gymnasieskola och kom till ursprungligen för vidareutbildning av bondesöner och arbetarbarn. I dag har Sverige över 100 folkhögskolor.

Särskolan – Ett barn med utvecklingsstörning klarar sällan den vanliga grundskolan. I stället går barnet oftast i grundsärskolan.

Exercise 8.4

Can you find and list at least six clausal adverbials in the text above?

UNIT 9
Pronouns – personal, possessive and indefinite

Personal pronouns

Personal and reflexive pronouns replace or refer back to a noun and can also replace or refer back to a clause or part of a clause:

> **Kvinnan är gammal.** *Hon* **är blind.** *Det* **är en svår situation.**
> The woman is old. She is blind. It's a difficult situation.

Personal pronouns have subject and object forms. The object form is also used after a preposition:

> *Han* **bor i Malmö. Vi träffade** *honom* **där. Han bjöd** *oss* **hem och lagade mat åt** *oss*.
> He lives in Malmö. We met him there. He invited us home and made food for us.

The *reflexive* form of the pronoun is used to refer back to the subject of a sentence (compare the English 'myself', 'yourself', etc.). This is the same as the object form for all but the third-person singular and plural pronouns:

Subject		*Object*		*Reflexive*	
1 **jag**	I	**mig**	me	**mig**	me/myself
2 **du**	you	**dig**	you	**dig**	you/yourself
3 **han**	he	**honom**	him	**sig**	him/himself
3 **hon**	she	**henne**	her	**sig**	her/herself
3 **hen**	he/she	**hen**	him/her	**sig**	himself/herself
3 **den**	it (*n-n*)	**den**	it	**sig**	it/itself
3 **det**	it (*n*)	**det**	it	**sig**	it/itself
3 **man**	one	**en**	one	**sig**	one/oneself
1 **vi**	we	**oss**	us	**oss**	us/ourselves
2 **ni**	you	**er**	you	**er**	you/yourselves
3 **de**	they	**dem**	them	**sig**	them/themselves

In recent years, the use of a new gender-neutral third-person singular pronoun **hen** has been advocated to replace **han/hon** in certain circumstances:

Patienten får allt stöd hen behöver.
The patient receives all the support he or she needs.

The choice of the pronoun corresponding to 'it' in English is usually determined by the gender of the noun (see Unit 3) that it replaces:

När kommer bussen? – Den kommer klockan tio.
When does the bus come? – It comes at ten o'clock.

Hur dags går tåget? – Det går klockan tio.
When does the train go? – It leaves at ten o'clock.

Det is sometimes used to correspond to the English 'there', 'so':

Det är fortfarande mycket att göra. – Tycker du det?
There is still much to do. – Do you think so?

Possessive pronouns

Possessive pronouns indicate ownership. Possessive pronouns that end in –**s** are *indeclinable*. Other possessive pronouns agree in gender and number with the object possessed, irrespective of whether they precede a noun or are used independently:

Non-neuter	*Neuter*	*Plural*	
min	mitt	mina	my, mine
din	ditt	dina	your, yours
hans	hans	hans	his
hennes	hennes	hennes	her, hers
dess	dess	dess	its
ens	ens	ens	one's
vår	vårt	våra	our, ours
er	ert	era	your, yours
deras	deras	deras	their, theirs

A special reflexive pronoun **sin** (neuter **sitt**, plural **sina**) replaces **hans, hennes, dess, deras** before the object when the owner is the subject of the clause:

Han lämnar sin fru. Hon åker tillbaka till sitt hemland. Deras barn saknar sina föräldrar.

He is leaving his wife. She is going back to her home country. Their children miss their parents.

Compare the use of non-reflexive possessive pronouns in:

Hans fru är olycklig. Hennes hemland är Polen. Hennes föräldrar saknar henne.
His wife is unhappy. Her home country is Poland. Her parents miss her.

Indefinite pronouns

Indefinite pronouns are used to refer to people or things without specifying exactly who or what these are.

Någon (neuter **något**, plural **några**) corresponds broadly to the English 'some', 'any'. **Någon** can also mean 'someone', 'anyone'. **Något** can also mean 'something', 'anything':

Någon har stulit några pengar på mitt hotellrum. Kan du göra något åt det?
Someone has stolen some money from my hotel room. Can you do anything about it?

Ingen (neuter **inget**, plural **inga**) corresponds broadly to the English 'no', 'none'. **Ingen** can also mean 'no one'. **Inget** can also mean 'nothing':

Det finns inga poliser här. Ingen kan hjälpa dig. Tyvärr är det inget vi kan göra.
There are no police officers here. No one can help you. Unfortunately there is nothing we can do.

Annan (neuter **annat**, plural **andra**) and its definite forms (non-neuter **den andra**, neuter **det andra**, plural **de andra**) correspond broadly to the English 'other', '. . . else' and 'the other(s)', respectively:

Har de andra klagat? Jag vill prata med någon annan eller flytta till ett annat hotell.
Have the others complained? I want to speak to someone else or move to another hotel.

Man (object form **en**, possessive **ens**) is often used where English has 'people' or 'they', 'you', 'we' in a vague sense. Note that, like other Swedish third-person pronouns, **man** has a reflexive form, **sig**. Similarly, the special reflexive pronoun **sin** (neuter **sitt**, plural **sina**) replaces **ens** before the object when the owner is the subject of the clause (see *Intermediate Swedish*, Unit 7):

Man måste se till att ens värdesaker alltid ligger i kassaskåpet.
One must ensure that one's valuables are always in the safe.

Man bör alltid låsa dörren efter sig.
You should always lock the door behind you.

Man måste vara på sin vakt mot tjuvar.
People need to be on their guard against thieves.

Exercise 9.1

Replace the subject of each sentence with an appropriate personal pronoun in the subject form, as shown in the example.

Example: *Mannen* kör en Volvo.　　**Han kör en Volvo.**

1　*Boken* är mycket intressant.　　＿＿ är mycket intressant.
2　*Ett hus* är en stor investering.　　＿＿ är en stor investering.
3　*Emma* är sex år gammal.　　＿＿ är sex år gammal.
4　*Emmas far* har fyra systrar.　　＿＿ har fyra systrar.
5　*Träden* får nya blad på våren.　　＿＿ får nya blad på våren.
6　*Bilarna* körde snabbt i väg.　　＿＿ körde snabbt i väg.
7　*En av bilarna* körde snabbt i väg.　　＿＿ körde snabbt i väg.

Exercise 9.2

Answer the questions below by using an appropriate personal pronoun (subject, object or reflexive form) to fill in the gap.

Example: Vad heter du?　　**Jag heter Matilda.**

1　Talar James svenska?　　Nej, ＿＿ talar bara engelska.
2　Bor Julia nära stationen?　　Nej, ＿＿ bor nära hamnen.
3　Går tåget till Stockholm?　　Nej, ＿＿ går till Malmö.
4　När öppnar affärerna?　　＿＿ öppnar klockan tio.
5　Söker polisen dig och din bror?　　Ja, polisen söker ＿＿.
6　Vill du låna mina skor?　　Nej tack, ＿＿ är för stora för ＿＿.
7　Kan ni hjälpa mig?　　Ja, ＿＿ kan hjälpa ＿＿.
8　Vill ni ha Johannas adress?　　Ja tack, ＿＿ vill skriva till ＿＿.
9　Vill du och din bror åka med oss?　　Ja tack, ＿＿ åker gärna med ＿＿.
10　Lämnar Johan barnen på dagis?　　Nej, ＿＿ tar ＿＿ med ＿＿ till jobbet.

Exercise 9.3

Fill in the gaps below with the correct form of the possessive pronoun, as shown in the example.

1　**jag**
　　en bil　　*min bil*
　　ett finger ＿＿＿＿＿＿＿＿

en stad _____
pengar _____
en lägenhet _____

2 **du**
ett rum _____
en arm _____
äpplen _____
tidningar _____
ett leende _____

3 **vi**
en läkare _____
ett sovrum _____
vänner _____
en skola _____
ett språk _____

4 **ni**
ett hemland _____
en dotter _____
hästar _____
en hund _____
ett språk _____

Exercise 9.4

Fill in the gaps below with an appropriate possessive pronoun in the correct form, as shown in the example.

Example: *du*   Var bor ***dina***   föräldrar.

1 *du*   Var är _____ skor och _____ pass?
2 *de*   _____ telefon fungerar inte.
3 *Adam*   Adam och _____ vänner gillar ishockey.
4 *jag*   När går _____ tåg?
5 *Eva*   Eva och _____ man bor i Malmö.
6 *Eva och Ola*   _____ barn är sju år och fem år gamla.
7 vi   _____ hus är nytt.
8 *jag*   _____ föräldrar är mycket gamla.
9 *ni*   Ge mig _____ adress och _____ telefonnummer.
10 *vi*   Tjuven stal _____ bil och alla _____ pengar.
11 *Sara*   Vi bor nära _____ föräldrar.
12 *jag*   Bilen är _____ .
13 *ni*   Pengarna är _____ .
14 *vi*   Huset är inte _____ . Det är _____ vänners hus.
15 *han*   Huset är inte _____ . Det är _____ systers hus.

Exercise 9.5

Choose the appropriate form of the possessive pronoun, as shown in the example.

Example: Det är inte ditt problem, det är (jag).
Det är inte ditt problem, det är *mitt.*

1   Det är inte mina byxor, det är (han).
2   Det är inte min dator, det är (du).
3   Det är inte min bil, det är (de).
4   Det är inte mina pengar, det är (vi).
5   Det är inte mitt barn, det är (ni).
6   Det är inte mitt fel, det är (hon).

Exercise 9.6

Write sentences with an appropriate possessive pronoun in the correct form, as shown in the example.

Example: Ellen → väska   **Ellen letar efter sin väska.**

1 Vera → nycklar	2 Hunden → mat	3 Mia och Pia → skor
4 Han → webbsida	5 Erik → föräldrar	6 Hon → hotell
7 Alla → identitet	8 De → pengar	9 Min son → bror

Exercise 9.7

Choose the appropriate form of the indefinite pronoun **någon**, **något**, **några**, as shown in the example.

Example: Har du **något** bröd hemma?

1   Det finns _____ bullar i köket.
2   Har vi _____ kaffe kvar?
3   Det känns bra att göra _____ glad.
4   Vill _____ köra mig till stationen?
5   Köp _____ gott! Har du _____ pengar?
6   _____ av rosorna är röda.
7   Har _____ av er hört _____ om honom?

Exercise 9.8

Choose the appropriate form of the indefinite pronoun **ingen**, **inget**, **inga**, as shown in the example.

Example: Min farbror har **inget** hår.

1 Vi har _____ diskmaskin hemma.
2 Han har _____ pengar kvar i slutet av månaden.
3 Varför säger du _____?
4 _____ lyssnar på vad jag säger.
5 Det går _____ bussar i dag.
6 Hon har _____ pass, _____ legitimation och _____ id-handlingar.

Exercise 9.9

Choose the appropriate form of the indefinite pronoun **annan**, **annat**, **andra**, **den andra**, **det andra**, **de andra** as shown in the example.

Example: Min bror bor i en **annan** del av landet.

1 Yasmin kommer från ett _____ land.
2 Min kopp är inte ren. Har du en _____?
3 Det är min cykel. _____ är Peters.
4 Vill du titta på tv eller har du _____ planer?
5 Det finns ingen bensin i _____ bilen.
6 Jag dricker te men alla _____ i familjen föredrar kaffe.

Exercise 9.10

Enter **man**, **en**, **sig** or **ens**, **sin**, **sitt**, **sina** as appropriate in the gaps in the sentences below.

1 I Sverige dricker _____ mycket kaffe.
2 I stora städer vet _____ inte alltid vad _____ grannar heter.
3 Alla vet att _____ egen familj betyder mycket för _____.
4 _____ måste vara ärlig mot _____ familj och _____ vänner.
5 _____ har lätt för att skada _____ när _____ tränar för mycket.

Allemansrätten

I Sverige får man gå, cykla, rida, åka skidor eller göra något annat på marken nästan var som helst i landet så länge man inte skadar träd, växter eller växande gröda. Man kan till och med tälta i tjugofyra timmar eller förtöja en båt om det inte är på någons tomt (nära huset). Man kan plocka blommor, bär, nötter och svamp, ta fallna grenar och kvistar och göra upp eld. Men man ska inte lämna några spår efter elden.

Självklart får man inte plocka fridlysta blommor, bryta av grenar från levande träd, ta fågelägg, låta eld skada marken eller skogen. Och man ska givetvis ta allt skräp med sig. Man får med andra ord inte störa eller förstöra.

UNIT 10
Demonstrative pronouns

The form of the demonstrative pronoun depends on the gender and number of the noun. When **den**, **det**, **de** are used as demonstratives, they are always stressed.

Den, **det**, **de** and **den här**, **det där**, etc. require an end article on the noun (see Unit 3). In contrast, **denna**, etc. require no end article on the noun.

Demonstrative pronouns – this and that

Non-neuter	Neuter	Plural
den **bilen**	*det* **huset**	*de* **bilarna/de husen**
this/that car	this/that house	these/those cars/houses
den här **bilen**	*det här* **huset**	*de här* **bilarna/husen**
this car	this house	these cars/houses
den där **bilen**	*det där* **huset**	*de där* **bilarna/husen**
that car	that house	those cars/houses
denna **bil**	*detta* **hus**	*dessa* **bilar/hus**
this car	this house	these cars/houses

As in English, most demonstrative pronouns may be used with or without the noun to which they refer:

Den här koppen är min. Den där är din.
This cup is mine. That one is yours.

Detta är något alldeles nytt.
This is something totally new.

Exercise 10.1

Enter the correct Swedish form of the noun after the demonstrative pronoun, as shown in the example. Remember that some of the nouns will need end articles and some may be plural forms.

Example: Den här + restaurang = den här **restaurangen**

1	Det här + slott =	6	De där + hund =
2	Den här + blomma =	7	Denna + månad =
3	Denna + dag =	8	De här + äpple =
4	Detta + tak =	9	De där + gata =
5	Dessa + hund =	10	Dessa + dag =

Exercise 10.2

Enter the correct form of the demonstrative pronoun before each of the following nouns, as shown in the example. Note that your choice will depend on the gender and form of the noun that is given (singular, plural, with or without end article).

Examples: (This) **Den här** telefonen. (This) **Detta** slott.

1 (That) _____ tåget går klockan sju.
2 (These) _____ tidningarna är från England.
3 (This) _____ tröjan tillhör mig, men (that) _____ är din.
4 (This) _____ fråga är inte lätt att besvara.
5 Jag vill aldrig se (those) _____ gamla kläderna igen.
6 (These) _____ exempel visar hur man använder demonstrativa pronomen.

Demonstrative pronouns – such, the same

The demonstrative pronouns **sådan**, **sådant**, **sådana** ('such') may be used with or without a noun. When used with a singular noun, **sådan** and **sådant** are usually preceded by the indefinite article (**en**, **ett**, respectively). This contrasts with their corresponding forms, 'such a/an', in English.

The indeclinable demonstrative pronoun **samma** ('the same') is only used with a noun. Note that there is no article in Swedish before **samma** and no end article on the noun that follows:

Non-neuter	Neuter	Plural
en sådan bil	**ett sådant hus**	**sådana bilar/hus**
such a car	such a house	such cars/houses
a car like this/that	a house like this/that	cars/houses like these/those
samma bil	**samma hus**	**samma bilar/hus**
the same car	the same house	the same cars/houses

De har ett sådant vackert hem.
They have such a beautiful home.

Han väljer alltid sådana skor i samma färg.
He always chooses shoes like those in the same colour.

En sådan vänlighet väcker samma respons över hela världen.
Such kindness evokes the same response all over the world.

Exercise 10.3

Tick the correct alternative among the following demonstrative pronouns, as shown
in the example. Pay attention to whether or not the noun has an end article; that will
help you to make your choice.

Example: Jag tycker att _____ boken är mycket intressant
(a) **den här**✓   (b) det här   (c) detta   (d) sådan

1   _____ huset är mycket gammalt.

(a) den här   (b) det här   (c) detta   (d) sådant

2   _____ restaurangen är bra.

(a) det här   (b) den här   (c) denna   (d) sådan

3   Jag vill köpa _____ bil när jag har pengar.

(a) den här   (b) en sådan   (c) det här   (d) sådan

4   Hon är född 1995 _____ år som Sverige gick med i EU.

(a) sådant   (b) samma   (c) det här   (d) detta

5   Jag har aldrig sett _____ man tidigare.

(a) den här   (b) denna   (c) det här   (d) sådant

6   Går ni alltid _____ vägen till jobbet?

(a) denna   (b) en sådan   (c) samma   (d) den här

7   Åker ni alltid med _____ buss till jobbet?

(a) de här   (b) den här   (c) samma   (d) sådana

8   Datorer, mobiler och _____ saker har blivit billigare.

(a) sådant   (b) det här   (c) de här   (d) sådana

9   Vem är _____ mannen vid dörren?

(a) sådan   (b) det här   (c) den där   (d) samma

10   Titta på _____ bilen! Vi hade _____ när jag var liten.

(a) samma   (b) en sådan   (c) den här   (d) den där

En rolig historia

Emil är nio år. Emil älskar melon.

- Vad kostar den där stora melonen? frågar han trädgårdsmästaren i växthuset.
- Den här stora melonen kostar tjugofem kronor, svarar mannen.
- Men jag har bara tio kronor, säger Emil.
- De här små melonerna kostar bara tio kronor styck, säger mannen.
- Bra, svarar Emil, här får du tio kronor för en sådan liten melon. Jag kommer tillbaka nästa månad och hämtar den när den har vuxit till samma storlek som de där andra.

UNIT 11
Verbs – infinitives; two-verb constructions; future forms; imperatives

The infinitive form of the verb is the form given as a dictionary headword (see Unit 4). Preceded by **att**, the infinitive is used as if it were a noun phrase. Used in this way, the Swedish infinitive frequently corresponds to an '–ing' form of the verb in English.

Att + infinitive used as a noun phrase

As the subject:

Att resa är att leva.	To travel is to live.
Det är roligt att spela kort.	It's fun to play cards.
Att röka är skadligt för hälsan.	Smoking is bad for your health.
Konsten att laga mat.	The art of preparing food.

As the object:

Hon älskar att sjunga.	She loves to sing.

After a preposition:

Vi tycker om att resa.	We like to travel.
Han säger saker utan att tänka.	He says things without thinking.

The infinitive is also used in a number of two-verb constructions. Here, too, the Swedish infinitive sometimes corresponds to an English '–ing' form.

Two-verb constructions

Modal auxiliaries + infinitive

Infinitive	*Present*	*Past*	*Supine*	
kunna	**kan**	**kunde**	**kunnat**	be able/can
skola	**ska (skall)**	**skulle**	–	shall/will

vilja	vill	ville	velat	want to
–	måste	måste	–	must*/have to
–	bör	borde	–	ought to/should
låta	låter	lät	låtit	let
få	får	fick	fått	may/must*/be allowed to

* Note that 'must not' (prohibition) is expressed by **får inte**.

Swedish modal auxiliary verbs are usually followed by a main verb in the infinitive form without the infinitive marker, **att**:

Kan du hjälpa mig?	Can you help me?
Jag vill köpa en ny dator.	I want to buy a new computer.
Den måste vara kraftfull.	It must be powerful.
Den får inte vara för dyr.	It mustn't be too expensive.
Vad skulle du rekommendera?	What would you recommend?
Låt mig visa dig ett bra val.	Let me show you a good choice.

Modal equivalents + infinitive

A number of verbs act as modal equivalents in Swedish, and may also be followed by a main verb in the infinitive form without the infinitive marker **att**.

Modal equivalents include: **behöva** 'need'; **börja** 'begin'; **bruka** 'be in the habit of', 'usually (do something)'; **fortsätta** 'continue'; **försöka** 'try'; **orka** 'manage'; **slippa** 'avoid'; **sluta** 'stop'; **tänka** 'intend'; **verka** 'seem'; **våga** 'dare'; **önska** 'wish':

Tänker du handla i dag?	Do you intend to shop today?
Jag behöver köpa en mobil.	I need to buy a mobile phone.
Jag försöker spara pengar.	I am trying to save money.
Mobiler brukar vara dyra.	Mobiles are usually expensive.

Kommer att + infinitive – the future tense

Kommer att + infinitive is one way of forming the future tense in Swedish. This construction tends to describe a purely objective (i.e. confidently predictive) approach to the future (compare **ska** in the section below). **Kommer att** + infinitive is therefore often – but not always – used with an impersonal subject:

Det kommer att snöa i morgon.	It's going to snow tomorrow.
Hur mycket kommer det att kosta?	How much will it cost?
Vi kommer att ringa dig senare.	We will phone you later.

Other ways of expressing the future in Swedish

In addition to constructions with **kommer att** + infinitive, there are two other common ways of expressing futurity in Swedish:

1. The most frequent construction is to use the present tense + (in most, but not all cases) a time marker for future. Note that **blir** is often used instead of **är** in constructions of this type:

Jag åker hem nästa vecka.	I will be going home next week.
Ringer du mig i morgon?	Will you phone me tomorrow?
Tror du att jag vinner matchen?	Do you think I'll win the match?
Det blir snart mörkt.	It will soon be dark.

English, too, sometimes uses the present tense in this way. Compare:

Vad gör ni när semestern börjar nästa vecka?
What are you doing when the holidays start next week?

Vi semestrar i Sverige i år. Vad gör ni själva?
We're holidaying in Sweden this year. What are you doing?

Vi flyger till Spanien senare i dag. Där blir vädret garanterat bra.
We're flying to Spain later today. The weather there is guaranteed to be good.

2. A construction with the modal auxiliary **ska** + infinitive indicates that it is someone's wish or intention that what has been said will take place. **Ska** + infinitive constructions express:

- The subject or someone else's wish or intention:

Vi ska flyga till Spanien i morgon.	We will fly to Spain tomorrow.
Han ska få en ny identitet.	He's going to get a new identity.
Oroa dig inte! Jag ska hjälpa dig.	Don't worry. I will help you.
Vad ska du göra om du vinner?	What will you do if you win?

- An order or exhortation (when used with an impersonal subject):

Det ska vara städat här innan ni lämnar lokalen.
It will have to be tidied up here before you leave the premises.

Det ska bli fest hos oss i kväll.
There's going to be a party at our place this evening.

Exercise 11.1

Pair an **att** phrase from those on the right with an appropriate phrase from those on the left, as shown in the example, and translate the sentence into English. Then reverse the order of the two components (remembering to delete the impersonal subject **det**, which is replaced by the **att** phrase) and translate the new sentence into good idiomatic English.

Example: Det är inte lätt + att spela piano.
Att spela piano är inte lätt.

1	Det är nyttigt	att dricka för mycket kaffe
2	Det är inte bra för hälsan	att äta grönsaker
3	Det kräver mod	att vänta på bussen
4	Det är tråkigt	att hoppa fallskärm
5	Det är allas ansvar	att ringa mobilsamtal
6	Det är omöjligt	att rösta
7	Det har blivit billigare	att leva utan vatten

Exercise 11.2

Pair each of the Swedish modal equivalents in the left-hand column with the infinitive form of the verb phrase in the right-hand column.

Example: Vi kan + vi köper bröd = Vi kan **köpa bröd**.

1	Du måste	du hjälper mig
2	Han kan inte	han möter mig i kväll
3	Hon vill	hon spelar fotboll
4	De ska	de tar tåget till Köpenhamn
5	Kan ni	ni kommer i morgon
6	Vi måste	vi försöker spara pengar

Exercise 11.3

Combine the Swedish modal equivalents in the right-hand column with the infinitive form of the verb phrase in the left-hand column.

Example: Vi går hem + Vi behöver . . . = Vi behöver **gå hem**.

1	Jag flyger till Sverige.	Jag tänker . . .
2	Vi pratar svenska.	Vi försöker . . .
3	Ni äter frukost.	Brukar ni . . .
4	Hon blir gammal.	Hon börjar . . .
5	Vi diskar varje dag.	Vi slipper . . .
6	Du reser ensam.	Vågar du . . .
7	Jag simmar i kväll.	Jag orkar inte . . .
8	Han spelar datorspel.	Han slutar aldrig . . .

Exercise 11.4

Answer the questions about the future using a form of **komma att** together with the words in italics.

Example: När börjar jullovet? *den 13 december*
Jullovet kommer att börja den 13 december.

1 När börjar konserten? *klockan halv tio*
2 Vem vinner valet nästa år? *Socialdemokraterna*
3 Hur blir vädret i morgon? *varmt och soligt*
4 Vad kostar regeringens planer? *flera miljoner kronor*
5 Hur länge arbetar han i Danmark? *fram till jul*

Exercise 11.5

Answer the questions with the help of the words in italics and the clue under each question.

Example: Vad gör du i morgon? *hälsa på min bror*
INTENTION
Jag ska hälsa på min bror i morgon.

Var spelar vi vår sista match? *i Malmö*
OBJECTIVE
Vi kommer att spela vår sista match i Malmö.

1 Vad gör du nästa söndag? *klippa gräsmattan*
INTENTION
2 Var tillbringar kungen sommaren? *på Öland*
OBJECTIVE
3 Vad gör Mia när hon slutar skolan? *jobba hos sin far*
INTENTION
4 Hur mycket kostar den nya bron? *miljontals kronor*
OBJECTIVE
5 När går tåget? *om tio minuter*
INTENTION
6 Hur lång tid tar det att åka till Mars? *cirka tre månader*
OBJECTIVE

The imperative

The imperative is the form that is used when giving instructions, for example in recipes, official forms and all sorts of 'how-to' manuals.

In Swedish, the form of the imperative is the same as the stem of the verb. The imperative has the same form whether it is used to address one, two or many people:

Conjugation	Infinitive	Imperative (=stem)
I	**arbeta**	**arbeta!**
IIa	**ringa**	**ring!**
IIb	**köpa**	**köp!**
III	**sy**	**sy!**
IV	**bita**	**bit!**

Exercise 11.6

The following Swedish text describing the procedure to follow in the event of a fire serves as a good example of the use and form of the imperative. Note that, in contrast to English, a negative adverb (**inte**, **aldrig**, etc.) follows the imperative in Swedish.

Can you deduce the conjugation of each of the verbs used in the imperative form in the text below?

Vid brand

1 **Rädda** personer som är i omedelbar fara.
2 **Larma** om branden.

> *Antingen via brandlarm*:
> **Använd** brandlarm.
> **Krossa** glaset.
> **Tryck** på brandlarmsknappen.

> *eller via telefon*:
> **Ring** nödnumret 112.
> **Vänta** på svar.
> **Förklara** för SOS-operatören vad som har hänt.
> **Var beredd** att besvara frågor om telefonnummer och adress.

3 **Varna** andra i byggnaden.
4 **Släck** branden om det är möjligt.
5 **Utrym** byggnaden. **Spring** inte utan **gå** till den angivna uppsamlingsplatsen.
6 **Åk** aldrig hiss vid brand.
7 **Stanna** på uppsamlingsplatsen tills du får annat besked.

Exercise 11.7

Change the verb forms into the imperative as shown in the example. The conjugation is given in brackets after each verb.

> Example: Kan du hjälpa mig? = **Hjälp mig!**

1 Kan du diska (I) i kväll?
2 Kan du översätta (IIa) texten åt mig?

3 Kan ni vara (IV) snälla mot min syster?
4 Vill du köra (IIa) långsamt, tack?
5 Kan du sy (III) i en knapp på min skjorta?
6 Kan ni ta (IV) av er skorna, killar?
7 Vill du läsa (IIb) en godnattsaga för Ebba?
8 Vill ni sjunga (IV) en julsång?
9 Kan du vara (IV) snäll och byta (IIb) plats med mig?
10 Kan du sluta (I) med det där nu?
11 Kan du springa (IV) till affären innan den stänger?
12 Vill du ge (III) mig tidningen?
13 Kan du hålla (IV) ut handen?
14 Kan ni städa (I) era rum med detsamma?
15 Kan ni tala (I) svenska?
16 Kan du dricka (IV) din medicin?
17 Kan du stanna (I) bilen?
18 Kan du stänga (IIa) dörren är du snäll?
19 Kan du äta (IV) upp din mat?
20 Kan du säga (IV) mig var du bor?

Midsommarafton

Sommarsolståndet, omkring den 21 juni, är årets längsta dag.
Under bronsåldern dyrkar man solen och i kristen tid sammanfaller
dagen med Johannes Döparens dag och det är allmän helgdag i
Sverige.

I Sverige brukar man dansa i ring kring en midsommarstång
eller majstång (ordet maja har ingenting med månaden maj att
göra; det betyder att pryda med grönt). Majstången är en påle
med löv och blommor, ofta i form av ett kors. Ursprungligen är
majstången en medeltida sed från Tyskland. Kvinnor och barn
bär ofta en blomsterkrans i håret.

Man äter speciell mat vid midsommar: matjessill med gräs-
lök, gräddfil och potatis, och vuxna dricker snaps till maten.

Många svenskar vill fira midsommar på landet (ofta i land-
skapet Dalarna) eller vid kusten men om man ska åka någonstans
bör man vara försiktig för det är årets farligaste tid att vara ute
på vägarna.

UNIT 12

Word order – short answers; postponing the subject

Short answers

When someone asks you 'Is it a date?', your answer would probably contain the pronoun 'it' so as to avoid repeating the words 'a date': 'Yes, it is'/'No, it isn't'. These short answers have a special form in Swedish:

Är det ett problem?	**Ja, det är det. / Nej, det är det inte.**
Is it a problem?	Yes, it is. / No, it isn't.
Är du engelsman?	**Ja, det är jag. / Nej, det är jag inte.**
Are you English?	Yes, I am. / No I'm not.
Har han en bror?	**Ja, det har han. / Nej, det har han inte.**
Does he have a brother?	Yes, he has. / No, he hasn't.
Vill hon följa med?	**Ja, det vill hon. / Nej, det vill hon inte.**
Does she want to come?	Yes, she does. / No, she doesn't.

However, if the verb is not **vara**, **ha** or a modal verb such as **ska**, **vill**, **måste** (see Unit 11), then the short answer uses a form of **göra**:

Talar du ryska?	**Ja, det gör jag. / Nej, det gör jag inte.**
Do you speak Russian?	Yes, I do. / No, I don't.

Exercise 12.1

Give short answers to the following questions.

1 Är du törstig? Ja, _____
2 Dricker du te? Nej, _____
3 Vill du ha ett äpple? Ja, _____
4 Åker du buss hem? Nej, _____
5 Måste du alltid röka? Ja, _____

6   Förstår du det?   Nej, _____
7   Var de rika?   Nej, _____
8   Mår han bättre nu?   Ja, _____

Postponing the subject

Occasionally, instead of beginning a sentence with the *real subject*, both English and Swedish choose to begin with a formal subject. The formal subject is always **det** in Swedish and corresponds to 'it' or 'there' in English.

There are two types of postponement:

Type 1 – The real subject is an indefinite noun phrase. The formal subject in English is 'there':

> **Det sitter *en katt* på tidningen.**
> There is a cat sitting on the newspaper.
> (Literally: There sits a cat on the newspaper.)

Type 2 – The real subject is an infinitive phrase. The formal subject in English is 'it':

> **Det är kul *att köra bil*.**
> It is fun to drive. / Driving is fun.

The big difference is that, while in English Type 1 sentences (often called 'existential sentences') always use the verb 'to be', Swedish uses a range of intransitive verbs. Most of these indicate location, existence/non-existence or movement, e.g. **sitta, stå, ligga, vara, finnas, fattas, saknas, komma**:

Det står en lampa i fönstret.	There is a lamp in the window.
Det finns ingen mat hemma.	There is no food at home.
Det kom mycket folk i går.	A lot of people arrived yesterday.

Notice that Type 1 constructions such as the sentences above often have an *adverbial* expression of place or time.

Exercise 12.2

Transform the following statements into existential sentences in Swedish by adding the formal subject **det**.

Example: Ett kafé ligger vid kyrkan.   **Det ligger ett kafé vid kyrkan.**

1   En bil står på trottoaren.   _____
2   Studenter sitter ofta på kaféet.   _____
3   Ett enormt arbete ligger bakom detta. _____

73

4   Många turister kommer också hit. _____

5   En buss går dit fem gånger varje dag. _____

6   Ingen lösning finns på problemet. _____

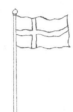

10 frågor och svar om Sveriges statsskick

1   Är Sverige en demokrati?
Ja, det är det.

2   Har kungen någon politisk makt?
Nej, det har han inte.

3   Vem styr landet?
Regeringen styr landet med stöd av riksdagen i Stockholm.

4   Hur många ledamöter sitter i riksdagen?
Det sitter 349 ledamöter i riksdagen.

5   Hur lång är en valperiod?
Valperioden är 4 år. Val brukar äga rum andra söndagen i
september vart fjärde år.

6   Har alla svenska medborgare rösträtt?
Nej, det har de inte. Man måste vara minst 18 år gammal för
att få rösta i riksdagsval.

7   Måste man rösta?
Nej, det måste man inte. Det är frivilligt att rösta.

8   Hur fungerar valsystemet?
Sverige har ett proportionellt valsystem. Varje parti får ett
antal mandat i riksdagen i proportion till partiets andel av
väljarnas röster i olika valkretsar. Ett parti måste vinna minst
4 % av rösterna för att sitta i riksdagen.

9   Vem leder regeringen?
Statsministern leder regeringen.

10 Fattar statsministern alla beslut?
Nej, det gör hen inte. Statsministern har många ministrar som
hjälper hen att fatta beslut.

UNIT 13
Adjectives – indefinite forms and indeclinable adjectives

Adjectives – regular indefinite forms

In Swedish, adjectives agree with the noun both *attributively* (before the noun) and *predicatively* (after the verb). The neuter singular adds a –t to the basic form, and the plurals of both genders add an –a (see Unit 16 for the definite forms).

en hög trappa	**ett hög*t* tak**	**hög*a* trappor/hög*a* tak**
a high staircase	a high ceiling	high staircases/ceilings
varm mat	**fin*t* väder**	**röd*a* stugor**
hot food	fine weather	red cottages
Trappan är hög.	**Taket är hög*t*.**	**Stugorna är röd*a*.**
The staircase is high.	The ceiling is high.	The cottages are red.

The indefinite form is used attributively after a number of premodifiers, such as **en/ett**, **någon**, **ingen**, **en annan**, **en sådan**, or in the plural **många**, **flera**, **alla**, **olika**, etc.

In the singular indefinite construction, adjectives agree with the noun in gender and show by their form that noun and adjective belong together:

Non-neuter singular – no ending:

Pensionsfrågan är *en stor utmaning*.
The pensions issue is a big challenge.

Utmaningen är stor.
The challenge is big.

Neuter singular – –t ending:

Professorn bor i *ett stort hus* med utsikt över sjön.
The professor lives in a big house with a view of the lake.

Huset är stor*t*.
The house is big.

In the plural indefinite most adjectives of both genders take –**a**:

Vi måste göra *stora ändringar* inomhus.   (cf. **en ändring**)
We have to make big changes indoors.

Ändringarna är stor*a*.
The changes are big.

Huset har bara fyra *stora rum*.   (cf. **ett rum**)
The house only has four big rooms.

Rummen är stor*a*.
The rooms are big.

Exercise 13.1

Complete the sentences with the correct form of the adjective as in the examples.

Examples:
Det är en stor kommun. Och länet?   **Det är också stort.**
Det är ett varmt år. Och sommaren.   **Den är också varm.**
Det är en ung pojke. Och flickorna?   **De är också unga.**

1   Det är en grön stol. Och bordet?   _____
2   Det är ett fint skrivbord. Och hyllorna?   _____
3   Det är en mjuk säng. Och fåtöljerna?   _____
4   Det är en tråkig bok. Och innehållet?   _____
5   Det är en färsk melon. Och äpplet?   _____
6   Det är en gul citron. Och bananerna?   _____
7   Det är ett förfärligt klimat. Och vintern?   _____
8   Det är en tjusig flicka. Och porträttet?   _____
9   Det är ett besvärligt barn. Och syskonen?   _____
10 Det är en trevlig lärare. Och studenterna?   _____
11 Det är en dyr dator. Och mjukvaran?   _____
12 Det är ett engelskt program. Och filmerna?   _____

Variations in the indefinite form of certain adjectives

While most adjectives simply add –**t** (neuter) or –**a** (plural) in their indefinite forms, there are some variations.

1   In the neuter singular:

Adjectives ending in a long vowel shorten the vowel and add –**tt**:

Adjectives –
indefinite
forms

Det finns fri konkurrens på marknaden.
There is free competition on the market.

Det är fri*tt* inträde på konserten.
There is free admission to the concert.

Adjectives ending in a vowel plus **–d** shorten the vowel and change the **–d** into a **–tt**:

Vintern är en död säsong i området.
Winter is a dead season in the area.

Mitt mobilbatteri är dö*tt*.
My mobile phone battery is dead.

Adjectives in a consonant plus **–d** change the **–d** into a **–t**:

Det blev hård konkurrens.
There was tough competition.

Det var ett hår*t* arbete.
It was a tough job.

2   In the plural:

Adjectives ending in unstressed **–el**, **–en**, **–er** drop the **–e–** in the final syllable:

Det är en enkel melodi.
It's a simple tune.

Hon uttryckte det med några enk*la* ord.
She expressed it in a few simple words.

Liten, gammal

Notice the unique forms in the indefinite of **liten**, **litet**, **små** 'little' and also that the plural indefinite of **gammal**, **gammalt** 'old' is **gamla** (see also Unit 16):

Vi tar en liten paus.	We'll take a short break.
De bor på ett litet hotell.	They are staying at a small hotel.
Tre små tjejer kom fram.	Three little girls came up.
Hundarna är gamla.	The dogs are old.

Indeclinable adjectives

Some adjectives, primarily those ending in **–s**, **–e**, **–a**, do not *inflect*:

Det är ett *gratis* lexikon.
It is a free dictionary.

Britter lär sig sällan ett *främmande* språk.
Brits rarely learn a foreign language.

Det är ett *bra* tag sedan vi åt ute.
It is a good while since we ate out.

Exercise 13.2

Complete the sentences with the correct form of the adjective. Both regular forms
and variations are used here.

1	Det var ju en _____ historia!	rolig
2	De gamla möblerna var mycket _____.	bekväm
3	_____ nytt år!	god
4	Pocketböcker har blivit ganska _____ i Sverige.	billig
5	Vintrarna var mycket _____ på den tiden.	kall
6	Alla tjejerna är så _____.	mager
7	Vi har tyvärr några _____ nyheter.	dålig
8	Vädret fortsätter vara _____ i morgon.	mild
9	De köpte ett _____ hus vid sjön.	liten
10	Det är _____ att säga.	svår
11	Hon hade just badat och hennes hår var _____.	våt
12	Framåt kvällen blev vädret _____ och kallt.	rå

Exercise 13.3

Complete as in the examples.

Himlen är blå. Och havet? **Det är också blått.**
Foten är liten. Och händerna? **De är också små.**

1 Åsa är vacker. Och systrarna? _____
2 Vinden är mild. Och vädret? _____
3 Maten är god. Och vinet? _____
4 Ögonen är gråa. Och håret? _____
5 Pappan är ledsen. Och sönerna? _____
6 Marken är frusen. Och vattnet? _____
7 Huset är nytt. Och möblerna? _____
8 Föraren är onykter. Och passagerarna? _____
9 Jag är bjuden. Och dina vänner? _____
10 Jag är nyfiken. Och de andra? _____
11 Soffan är bred. Och bordet? _____
12 Filmen är sevärd. Och tv-programmet? _____

Exercise 13.4

Complete the sentences with the correct form of the adjective.

1 nutida   Trafficking är ett _____ ord för slavhandeln.
2 skojig   De var också _____.
3 omfattande   Vi har ett _____ arbete framför oss.
4 gratis   Det är _____ inträde i kväll.
5 medelålders   Det är en dejtingsajt för _____ män.
6 liten   Huset han köper är _____.

Lucia

Lucia (namnet betyder ljus) var ett sicilianskt helgon som blev martyr på 300-talet. Hennes namnsdag är den 13 december. Luciadagen sammanfaller med advent men också med början av julen, en kristen tradition, och vintersolståndet då ljuset börjar återvända.

I Sverige daterar sig luciatraditionen från medeltiden, men den får modern form först på 1900-talet i prästgårdar i Västsverige och sprider sig sedan över hela landet. Numera har den ganska litet att göra med ett gammalt katolskt helgon.

I en procession som man brukar kalla luciatåg går Lucia (Lusse) i vit klänning med ljuskrona och rött skärp – som påminner om martyrskapet – kring midjan framför sina tärnor, och stjärngossarna med toppiga mössor som ska föreställa heliga tre konungar. Allesammans sjunger de ofta en gammal svensk visa till en modern italiensk melodi, och de bär med sig lussekatter. Lussekatter är saffransbullar, en nattlig måltid för att skydda mot onda makter.

UNIT 14
Nouns – forms of articles and article use

Indefinite articles

As seen in Units 1 and 3, the indefinite articles are **en** (with non-neuter nouns) and **ett** (with neuter nouns): **en ung tjej** 'a young girl'; **ett nyfött barn** 'a new-born baby'.

Definite (end) article – singular non-neuter

Non-neuter nouns that end in a consonant add the end article **–en** to create the definite form:

bilen the car **tjejen** the girl **maten** the food

Exception: Non-neuter nouns ending in unstressed **–el, –er, –or** add only **–n**:

fågeln the bird **fadern** the father **motorn** the motor

For non-neuter nouns that end in a vowel, the end article is **–n**:

gatan the street **tanken** the thought **ön** the island

Definite (end) article – singular neuter

Neuter nouns that end in a consonant add the end article **–et** to create the definite form:

bordet the table **barnet** the child **huset** the house

Exception: Neuter nouns of more than one syllable that end in unstressed **–el, –en, –er** drop the final e of the stem before adding **–et**:

ett segel	a sail	becomes	**seglet**	the sail
ett tecken	a sign	becomes	**tecknet**	the sign
ett lager	a store	becomes	**lagret**	the store

For neuter nouns that end in a vowel, the end article is **–t**:

yrke*t*   the profession   **foto***t*   the photo   **knä***t*   the knee

Exercise 14.1

Fill in the missing forms with end articles or indefinite articles as in the examples.

En fågel syns i trädgården.	**Fågeln är grå.**
En flicka älskar mig.	**Flickan är vacker.**

1   En vinter i Sverige är besvärlig.   _____ är lång.
2   Ett exempel förstår jag inte.   _____ är svårt.
3   De hade hyrt en komiker.   _____ var inte rolig.
4   Vi lyssnar på en modern symfoni.   _____ är tråkig.
5   Har ni en bibel?   Vi läser _____ varje kväll.
6   Han har blivit doktor.   _____ kommer.
7   Jan har en syster.   _____ heter Eva.
8   Vi lyssnar på en professor.   _____ är intelligent.
9   Vi lever ju i detta _____.   Vi lever i det tjugoförsta seklet.
10   Man ritar en cirkel.   _____ är rund.
11   Han pekade med ett finger.   _____ var smutsigt.
12   Vi valde ett mönster.   _____ var rutigt.
13   Vi kallar på en _____.   Teknikern hjälper oss.
14   Jag har en gammal dator.   _____ krånglar.
15   Vi hörde ett buller.   _____ kom från källaren.

Definite (end) article – plural

Nouns with plural indefinite forms ending in **–or, –ar, –r, –er** (declensions 1, 2, 3, 4; see Unit 6) add the end article **–na** to create the definite form:

gator*na*	the streets	**vägar***na*	the roads
kor*na*	the cows	**parker***na*	the parks

This also applies to nouns (mostly denoting people) ending in **–are**, which drop the final **–e** before adding the plural end article **–na**:

läkare   doctors   **läkar***na*   the doctors

Non-neuter nouns (mostly denoting people) with stems ending in **–er** that take a zero plural also add the plural end article **–na**:

elektriker   electricians   **elektriker***na*   the electricians

For nouns with an **–n** plural (declension 5), the plural end article is **–a**:

yrken   professions   **yrken***a*   the professions

For nouns with a zero plural (declension 6), the plural end article is **–en**:

golv   floors   **golv***en*   the floors

Exercise 14.2

Fill in the missing forms as in the examples.

Indefinite singular	Indefinite plural	Definite plural
Examples:		
en matta	**mattor**	**mattorna**
en bagare	**bagare**	*bagarna*
en park	**parker**	**parkerna**
ett äpple	**äpplen**	*äpplena*
ett hus	**hus**	**husen**
1 _____	_____	knäna
2 ett arbete	_____	_____
3 ett fönster	_____	_____
4 _____	_____	exemplen
5 ett rykte	_____	_____
6 en mätare	_____	_____
7 _____	_____	lärarna
8 _____	_____	minnena
9 ett träd	_____	_____
10 _____	_____	partierna
11 _____	_____	vapnen
12 ett ansikte	_____	_____
13 _____	_____	problemen

14	_____	_____	skorna
15	en gubbe	_____	_____
16	en ö	_____	_____
17	_____	_____	indierna
18	ett bibliotek	_____	_____
19	_____	_____	mötena
20	_____	foton	_____

Use of articles

In many cases, Swedish uses articles in a similar way to English. The general principle is that a new unfamiliar idea has an indefinite article and a familiar idea (one previously mentioned) has an end article:

De såg *en älg* i skogen. *Älgen* sprang bort.
They saw an elk in the forest. The elk ran off.

There are, however, a number of cases where usage differs. For a more detailed account, consult *Swedish: An Essential Grammar*. The main differences are as follows.

Swedish has an end article, English has no article

When an abstract noun is used in a general sense, often in proverbs:

| **Kärlek*en* är tålmodig.** | Love is patient. |
| **Kole*ts* kretslopp i natur*en*.** | The cycle of carbon in nature. |

With some institutions and locations:

| **Julia har gått till arbete*t*.** | Julia has gone to work. |
| **Familjen är i kyrka*n*.** | The family is at church. |

With days of the week, seasons and festivals (see Unit 7):

| **På måndagar*na* handlar vi mat.** | On Mondays we do food shopping. |
| **På vinter*n* åker vi till Mallorca.** | In winter we go to Mallorca. |

Swedish has no article, English has a definite article

With some instruments and pastimes:

| **Killen spelar gitarr.** | The lad plays *the* guitar. |
| **Hon lyssnar ofta på radio.** | She often listens to *the* radio. |

Swedish has no article, English has an indefinite article

With nouns denoting nationality, profession, religious or political affiliation:

Jean är fransman.	Jean is *a* Frenchman.
Maja är socialist.	Maja is *a* socialist.
Olivia är läkare.	Olivia is *a* doctor.
Karl-Axel är metodist.	Karl-Axel is *a* Methodist.

Use of *count nouns* without an article often implies a general sense. Adding an indefinite article in such cases would imply a sense of number, i.e. 'one' instead of 'a/an':

Väntar Kristina barn?	Is Kristina expecting *a* child?
De skaffar barnvakt.	They will get *a* babysitter.
Många har inte dator.	A lot of people don't have *a* computer.

Compare:

Många har inte en dator (de har ju flera).
A lot of people don't have one computer (they have several).

Exercise 14.3

Fill in indefinite or end articles where necessary in the following sentences. Notice that in some cases, no article is required.

1 Nils går i ____ skola ____ varje dag.
2 Ibland går de på bio ____ i stad____.
3 De tittar ofta på ____ teve ____ eller spelar ____ piano ____.
4 Priser ____ har stigit 5 procent på ett år.
5 Han fruktade ____ död ____ och ____ helvete____.
6 På lördagar ____ spelar vi ____ flöjt ____.
7 Ska du träffa Ann-Mari på teater ____?
8 Konst ____ är lång men liv ____ är kort.
9 Tillbaka till natur ____!
10 Nu måste jag åka till jobb ____.
11 Olle Holmberg är ____ professor____.
12 Deras lilla flicka har ____ feber____.
13 Har ingen i din familj ____ bil____? Nej, vi har inte råd med ____ bil ____.
14 Har ni ____ katt____? Nej, jag gillar inte husdjur.
15 Katarina vill bli ____ läkare____ när hon blir stor.
16 Det är en äldre herre som har ____ skägg ____ och röker ____ pipa ____.
17 Emeldza äter inte fläsk därför att hon är ____ muslim.
18 I Argentina dansar man ____ tango ____.
19 Ibland måste man använda ____ gaffel ____ när man äter efterrätt.
20 Vi åker ____ tåg ____ hem till Stockholm.

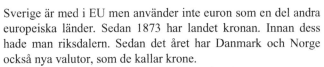

Sverige är med i EU men använder inte euron som en del andra europeiska länder. Sedan 1873 har landet kronan. Innan dess hade man riksdalern. Sedan det året har Danmark och Norge också nya valutor, som de kallar krone.

Officiellt motsvarar en svensk krona hundra öre, men ören finns inte som mynt längre.

De svenska mynten finns i 1, 2, 5 och 10 kronor och har monarkens namn på ena sidan och riksvapnet på den andra.

Sedlarna finns i valörerna 20, 50, 100, 500 och 1000 kronor och har bilder på kulturpersoner verksamma på 1900-talet samt svenska natur- och miljömotiv. Till exempel har hundralappen filmstjärnan Greta Garbo och 500-kronorssedeln har operasångaren Birgit Nilsson.

UNIT 15
Prepositions of place – **på/i**, **vid**, **hos**, etc.

På or i?

Although the use of Swedish prepositions of place corresponding to 'on' and 'in' is often idiomatic, a useful rule of thumb is to remember:

på + *surface*

i + *volume*

klockan på väggen the clock on the wall	**mössen i väggen** the mice in the wall
en båt på havet a boat on the sea	**fiskarna i havet** the fish in the sea
en bild på nätet a picture on the (Inter)net	**ett fel i datorn** a fault in the computer
Hon sitter på en stol. She is sitting on a chair.	**Hon sitter i en fåtölj.** She is sitting in an armchair.

However, **på** (rather than **i**) usually corresponds to 'in', 'at', 'on' with public buildings, places of work or study and places of entertainment:

Erik är på sjukhuset/på ett möte.	Erik is in the hospital/a meeting.
Vi är på stationen/på flygplatsen.	We are at the station/airport.
Hon är på jobbet/på hotellet.	She is at work/in the hotel.
Jag studerar på Lunds universitet.	I'm studying at Lund University.
Maja arbetar på IKEA/på ett fik.	Maja works at IKEA/in a café.
De är på matchen/på bio.	They're at the match/cinema.
Jag var på bröllop/semester.	I was at a wedding/on holiday.

But: **i skolan** 'at school'; **i en affär/butik** 'in a shop'; **i en kiosk** 'in a kiosk'; **i kyrkan** 'at/in church'; **i fängelset** 'in prison'

Note also the following important distinction in Swedish:

Han bor på landet.	**Han bor i landet.**
He lives in the country(side).	He lives in the country (i.e. state).

Hos

Swedish frequently expresses 'at' + the names of people or their professions by using **hos**. This corresponds roughly to *chez* in French or *bei* in German to indicate 'at the workplace/home of':

Han är hos Dahls i dag.	He's at the Dahls' (house) today.
Hon är hos tandläkaren.	She is at the dentist's.
Du kan sova hos oss.	You can sleep at our place.

Vid

Swedish uses **vid** to render 'in', 'on', 'at' in the sense of 'beside' with many nouns that describe things that extend lengthways:

De bor vid kusten.	They live on the coast.
Jag stod vid disken/floden.	I stood at the counter/by the river.
en olycka vid järnvägen	an accident on the railway

Other common prepositions of place

Other common Swedish prepositions of place correspond more closely to their English equivalents:

bakom	behind	**efter**	after
bland	among	**framför**	in front of
bredvid	beside	**från**	from
före	before	**till**	to
genom	through	**till höger om**	to the right of
in i/in på	into	**till vänster om**	to the left of
längs	along	**under**	under
mellan	between	**utanför**	outside
mittemot	opposite	**ut ur**	out of
mot	towards	**över**	over

Exercise 15.1

Fill in the gaps in the following sentences with a preposition of place: either **på**, **i** or an appropriate preposition of place from the list above.

1   A kommer _____ B i alfabetet.
2   C kommer _____ B i alfabetet.
3   Y kommer _____ X och Z i alfabetet.
4   Vi sitter _____ våra stolar _____ rummet och tittar ut _____ fönstret.
5   _____ fönstret sitter en fågel _____ en gren _____ ett träd och sjunger.

Exercise 15.2

Look at the illustration above and complete the sentences below with an appropriate preposition from the list that is given. You may need to use the same preposition on more than one occasion.

Prepositions: **på – framför – i – till vänster om – till höger om – bredvid – under – mellan – bakom**

1 Golvlampan står _____ golvet.
2 Mattan ligger mitt _____ rummet.
3 Sängen står _____ skrivbordet.
4 Kläderna hänger _____ garderoben.
5 Klockan hänger _____ väggen.
6 Böckerna står _____ hyllorna.
7 Stolen står _____ skrivbordet.
8 Skrivbordet står _____ sängen och bokhyllan.
9 Papperskorgen står _____ skrivbordet.
10 Kudden ligger _____ sängen.
11 Garderoben står _____ bokhyllan.
12 Skrivbordslampan står _____ dataskärmen.

Exercise 15.3

Complete the sentences below by filling each gap with an appropriate preposition from the list below. Use each preposition once only.

Prepositions: **bakom – bland – bredvid – efter – framför – från – genom – hos – längs – mellan – mittemot – mot – på – till – till höger om – till vänster om – under – utanför – över**

– Ursäkta mig! Kan du tala om för mig hur jag kommer _____ biblioteket?
– Javisst! Ta buss nummer 3 _____ stationen. Den kör _____ universitet.
Stig av _____ tre hållplatser och gå _____ parken _____ ån och sedan
_____ bron. Då ser du kyrkan _____ dig. Sedan kan du gå _____ kyrkan
eller _____ kyrkan. Biblioteket ligger precis _____ kyrkan, _____
parkeringsplatsen och ett stort hotell. Ingången är _____ hotellet. Det finns
en stor stadskarta _____ en skylt _____ träden _____ parken. Kartan visar
_____ annat bibliotekets plats. Annars kan du fråga _____ frisören som har
sin affär _____ kyrkan. Lycka till!

Note the following points of the compass in Sweden:

norr (om) north (of)	**nordost (om)** northeast (of)
söder (om) south (of)	**nordväst (om)** northwest (of)
öster (om) east (of)	**sydost (om)** southeast (of)
väster (om) west (of)	**sydväst (om)** southwest (of)
mot norr to the north	**mot söder** to the south

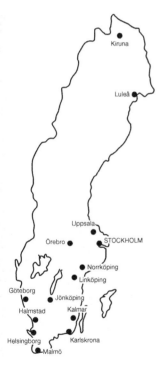

Exercise 15.4

Look at the map and complete the sentences below
about the location of some of Sweden's main towns
and cities.

1 Uppsala ligger _____ Stockholm.
2 Kalmar ligger _____ Göteborg.
3 Jönköping ligger _____ Halmstad.
4 Karlskrona ligger _____ Helsingborg.
5 Norrköping och Linköping ligger båda två
  _____ Stockholm.
6 _____ ligger väster om Stockholm.
7 _____ ligger söder om Helsingborg.
8 _____ ligger nordväst om Luleå.

Samerna

Det finns ett tiotal samiska språk som tillhör de finsk-ugriska språken, och är mer än 2 000 år gamla. Samiska är ett av Sveriges fem minoritetsspråk. Sedan 1986 har det samiska folket en egen flagga i samernas traditionella färger, röd, blå, grön och gul.

Trumman och nåjden (ett samiskt ord för schaman eller medicinman spelar en stor roll i samisk tradition och mytologi men i dag har ingen same i Sverige en sådan ställning. Det är resultatet av nästan 400 år av motstånd från Svenska kyrkan.

UNIT 16
Adjectives – definite forms Types 1 and 2

Definite adjectives

For indefinite adjective forms, see Unit 13.

Compare:

Indefinite

en fråga/ett beslut	**en stor fråga**	**ett stort beslut**
a question/a decision	a big question	a big decision

Definite

frågan/beslutet	**den stor*a* fråga*n***	**det stor*a* beslut*et***
the question/the decision	the big question	the big decision
frågorna/besluten	**de stor*a* frågorna**	**de stor*a* besluten**
the questions/the decisions	the big questions	the big decisions

When the adjective and noun are in the definite form, the expression acquires a front article as well as having an end (definite) article. This front article is only found if there is an adjective. Where there are both front and end articles, these must correspond in this way: **den . . . –en/–n** or **det . . . –et/–t** or **de . . . –na/–en**:

Non-neuter

den **unga studente*n***	*den* **unga flicka*n***	**de unga flyktingar*na***
the young student	the young girl	the young refugees

Neuter

det **gamla träd*et***	*det* **gamla äpple*t***	*de* **gamla hus*en***
the old tree	the old apple	the old houses

Note that in their definite form, adjectives ending in unstressed **–el**, **–en**, **–er** drop the **–e–** of the final syllable before adding an **–a**: thus, **enkel** → **enkla**; **mogen** → **mogna**; **vacker** → **vackra**, etc. **Gammal**, as seen in the example above, becomes **gamla**.

Note that **liten** 'little, small' is unique in having separate forms for the definite singular (**lilla**) and the definite plural (**små**):

den lilla sjöjungfrun	the little mermaid
de små detaljerna	the little details

–a/–e forms

In most cases, the definite adjective takes an ending in **–a**, but there are two special cases, where the definite form ends in **–e**:

1 Where the noun denotes a singular male person: **den unge mannen** 'the young man'.
2 Where the adjective referring to either a singular or plural noun of either gender ends in **–ad** (one form of past participle; see Unit 20) or **–ast** (one form of superlative; see Unit 17): **den begagnade bilen** 'the used car'; **det billigaste flyget** 'the cheapest flight'; **älskade sånger** 'much-loved songs'.

Definite form Type 1
– den nya chefen, the new boss

The basic pattern for the definite declension of the adjective is the one found in the table under 'Definite adjectives' above:

den nya firman	**det nya företaget**	**de nya kunderna**
the new firm	the new company	the new clients

This basic pattern is also used with the demonstratives **den här**, **det här** 'this'; **den där**, **det där** 'that'; **de här**, **de där** 'these, those' (see Unit 10). These demonstratives are used in speech and informal writing:

den här stora frågan 'this big question'; **det där stora beslutet** 'that big decision'; **de där stora frågorna** 'those big questions', etc.

Definite form Type 2
– firmans nya chef, the firm's new boss

In specific cases, the adjective takes a definite ending (**–a/–e**) while the noun has no end article. This happens after, for example, the genitive, possessive, the demonstratives **denna**, **detta**, **dessa** (see Unit 10) and a few other words:

Genitives

Non-neuter	*Neuter*	*Plural*
Jakobs nya säng	**Evas nya skrivbord**	**killarnas nya tröjor**
Jakob's new bed	Eva's new desk	the boys' new sweaters

Possessives

Non-neuter	*Neuter*	*Plural*
min nya laptop	**hennes nya konto**	**våra nya grannar**
my new laptop	her new account	our new neighbours

Demonstratives **denna**, **detta**, **dessa**

Non-neuter	*Neuter*	*Plural*
denna nya dator	**detta nya skrivbord**	**dessa nya bokhyllor**
this new computer	this new desk	these new bookshelves

These demonstratives are used in more formal writing (cf. Type 1 above).

After certain other words (e.g. **samma** 'the same'; **nästa** 'the next'; **följande** 'the following'; **föregående** 'the previous'):

samma gamla kostym   the same old suit
nästa stora utmaning   the next big challenge

Exercise 16.1

Change the indefinite constructions into definite Type 1 as in the examples. The adjectives include a mix of –**a** forms and –**e** forms.

Example: En lång tjej satt bredvid mig.
  Den långa tjejen var mycket trevlig.
  En lång man knuffade till mig.
  Den långe mannen bad om ursäkt.

1 Jag dricker bara kallt öl. _____ är uppfriskande.
2 Färska grönsaker är dyra. _____ är bäst.
3 Island är ett vackert land. _____ landet är också kallt.
4 Mats är en stark kille. _____ är snäll.
5 En gammal dam hejdade mig. _____ ville hälsa.
6 Staden har ett fult stadshus. _____ ogillade jag.
7 Killarna var ett muntert sällskap. _____ dansade.
8 Karl XII var en berömd svensk kung. Karl XII,
  _____, dog vid Halden.

9   I Pisa finns det ett högt torn. Använde Galileo verkligen
_____i Pisa i ett experiment?
10 Kristina var en svensk drottning. _____ avsa sig kronan.
11 Hon är en ung sjuksköterska. Vi tycker om _____.
12 Studenten kunde inte skriva en enkel meningen. _____ var
för svår för honom.

Exercise 16.2

Change the indefinite constructions into definite Type 1 as in the example. The
adjectives include a mix of –a forms and –e forms.

Example: Jag vill ha en gul klänning.   **. . . den där gula klänningen**

1   Jag vill ha en vid kjol.   _____
2   Jag vill ha ett brett skärp.   _____
3   Jag vill ha en svensk roman.   _____
4   Jag vill ha en billig penna.   _____
5   Jag vill ha ett högt skåp.   _____
6   Jag vill ha en kortfattad grammatik.   _____
7   Jag vill inte ha söta karameller.   _____
8   Jag vill inte ha bråkiga barn.   _____
9   Jag vill ha mogna meloner.   _____
10 Jag vill inte ha svåra problem.   _____

Exercise 16.3

Fill in the correct forms of adjective and noun (definite Type 2) as in the example.
The adjectives include a mix of –a forms and –e forms.

Example: Har du sett Kristoffers (ny, båt)?   **. . . Kristoffers nya båt**

1   Denna (kort, mening) vållade besvär.   _____
2   Peters (ovanlig, efternamn) är franskt.   _____
3   Vi beundrar Faluns (underbar, läge).   _____
4   Han grundade stadens (socialdemokratisk,
tidning) år 1890.   _____
5   De ställde samma (dumma, frågor) i år.   _____
6   Hennes (rik, farbror) köper en Volvo.   _____
7   Stockholms (gammal, kyrkor) är vackra.   _____
8   Dalarnas (viktigast, industri) är turismen.   _____
9   Nästa (vacker, helg) åker vi ut på landet.   _____
10 Detta (mild, väder) kommer att fortsätta.   _____

11 De klarade inte av lärarens (enkel, uppgift). _____

12 Hon sjunger alltid samma (melankolisk, visa). _____

Bernadotte

Bernadotte är namnet på den svenska kungafamiljen. Den nuvarande monarken heter Carl XVI Gustaf, och hans efterträdare blir hans dotter prinsessan Victoria.

1763	Familjen Bernadotte i Pau i sydvästra Frankrike får en son Jean Baptiste. Han blir soldat.
1798	Jean Baptiste gifter sig med Désirée Clary, svägerska till Napoleons bror Joseph, och blir så småningom en av Napoleons berömda marskalkar och furste av Ponte Corvo.
1810	Sveriges gamle kung, Karl XIII, är sjuk och det finns ingen tronföljare. Den sommaren erbjuder Carl Otto Mörner, svenskt sändebud i Paris, kronan till Bernadotte i hopp om att den berömde militärledaren ska hjälpa svenskarna att återerövra Finland från ryssarna. Kung Karl XIII sätter Mörner i arrest när han kommer tillbaka till Sverige. Men efter Napoleons samtycke och en PR-kampanj i Sverige väljer riksdagen samma år mångmiljonären Bernadotte till Sveriges kronprins med det svenska namnet Karl Johan. Den nye prinsen utvecklar en ny utrikespolitik som är revolutionär: Sverige ska inte längre kriga mot sin gamla fiende Ryssland för att återta det förlorade Finland utan ska i stället nöja sig med att annektera Norge.
1813	Karl Johan allierar Sverige med Ryssland och Preussen mot sin gamle chef Napoleon. Som befälhavare vinner Bernadotte flera slag på kontinenten.
1814	Norge blir del av en dubbelmonarki efter en svensk invasion.
1815	Napoleon förlorar slaget vid Waterloo. Han abdikerar och går i exil.
1818	Karl XIII dör. Karl Johan blir svensk kung. Han antar namnet Karl XIV Johan men lär sig aldrig svenska. Hans drottning ogillar det kalla landet i norr och stannar några år i Paris, men svenskarna älskar den ståtlige kungen – de till och med nämner en matsvamp (*Boletus edulis*) efter honom!

UNIT 17
Comparison of adjectives

For indefinite adjective forms, see Unit 13; for definite forms, see Unit 16.

Comparison

There are four ways of forming the comparative and superlative of adjectives, three of which are similar to English.

1   The basic form of the adjective + −**are**, −**ast**

billig	**billigare**	**billigast**
cheap	cheaper	cheapest

svår	**svårare**	**svårast**
difficult	more difficult	most difficult

Most Swedish adjectives compare in this way, including all those that end in −**ig**.

Unlike their English equivalents, the following adjectives (and many others) also compare with −**are**, −**ast**:

intelligent, intressant, modern, populär

Adjectives that end in unstressed −**el**, −**en**, −**er** drop the −**e**− of the final syllable in their comparative and superlative forms:

enkel	**enklare**	**enklast**	simple
mogen	**mognare**	**mognast**	mature, ripe
vacker	**vackrare**	**vackrast**	beautiful

2   Comparison using **mer, mest**

This group includes most past participles and bisyllabic adjectives ending in −**isk**, −**ande**, −**ende**, as well as many indeclinable adjectives (see Unit 13) and long, polysyllabic or compound adjectives:

intresserad	**mer intresserad**	**mest intresserad**
interesting	more interesting	most interesting

| demokratisk | mer demokratisk | mest demokratisk |
| democratic | more democratic | most democratic |

Adjectives compared with **mer** and **mest** inflect according to the rules for indefinite and definite declensions (see Units 13 and 16):

ett mera typiskt exempel	a more typical example
den mest komplicerade dikten	the most complicated poem

3 Irregular comparison

god/bra	bättre	bäst	good, better, best
dålig	sämre	sämst	bad, worse, worst
gammal	äldre	äldst	old, older, oldest
liten	mindre	minst	small, smaller, smallest
mycket	mer	mest	much, more, most (+ singular)
många	fler	flest	many, more, most (+ plural)

4 Vowel changes and add –re, –st

grov	grövre	grövst	coarse, coarser, coarsest
stor	större	störst	big, bigger, biggest
få	färre	färst	few, fewer, fewest
låg	lägre	lägst	low, lower, lowest
lång	längre	längst	long, longer, longest
tung	tyngre	tyngst	heavy, heavier, heaviest
ung	yngre	yngst	young, younger, youngest

Also:

hög	högre	högst	high, higher, highest

Definite forms of the superlative

Superlatives ending in –**ast** take an –**e** in the definite form, while those ending in –**st** add an –**a** irrespective of gender or number:

den dyraste bilen	the most expensive car
de dyraste bilarna	the most expensive cars
det största huset	the biggest house
de största husen	the biggest houses

Exercise 17.1

Complete the sentence using the correct form of the comparative, as in the example.

Example: Boken är kortfattad. Och häftet? **Det är mera kortfattat.**

1 Bordet är lågt. Och stolen? _____
2 Historien är grov. Och skämtet? _____
3 Filmstjärnan är ung. Och skådespelaren? _____
4 Saften är koncentrerad. Och juicen? _____
5 Pjäsen är dålig. Och filmen? _____
6 Gubben är gammal. Och gumman? _____
7 Läraren är energisk. Och studenterna? _____
8 Doktorn är populär. Och sjuksköterskan? _____
9 Älgen är tung. Och elefanten? _____
10 Novellen är lång. Och romanen? _____
11 Fåglarna är små. Och fågelungarna? _____
12 Trädet är litet. Och busken? _____

Exercise 17.2

Complete using the indefinite form of the superlative, as in the example.

Example: Fattigdomen är stor. **Den är störst på vintern.**

1 Arbetet är tungt. _____
2 Temperaturen är låg. _____
3 Natten är lång. _____
4 Arbetslösheten är hög. _____
5 Vädret är dåligt. _____
6 Fjällen är spännande. _____
7 Köerna är små. _____
8 Mössan är bra. _____
9 Situationen är kritisk. _____
10 Olyckorna är många. _____

Exercise 17.3

Complete using the indefinite form of the superlative, as in the example.

Example: populär   Bland alla namn var Maja **populärast**.

1 billig   Han sa, att den boken var _____.
2 intelligent   Elias är _____ av alla studenter.
3 dålig   Den middag vi åt hos Anton var _____ av alla.
4 lång   Vilken väg är _____?
5 hög   Kan du säga vilket träd som är _____?
6 dyr   Tomater är _____ på vintern.
7 förvånande   Det höga priset var faktiskt _____.
8 kritisk   Läget är _____ just nu.
9 liten   Elin är _____ i klassen.
10 modern   Lägenheterna i den stadsdelen är _____.

Exercise 17.4

Complete using the definite form of the superlative form of the adjective, as in the example.

Example: en stor tomt   Det är **den största tomten** i kvarteret.

1	en dålig film	Det var _____ jag har sett.
2	gamla professorer	_____ pratade strunt.
3	en vacker junikväll	Lärkan sjöng på _____.
4	ett långt tv-program	Det var ett av _____ någonsin.
5	ett stort problem	Fattigdomen är ett av _____ i världen i dag.
6	ett lågt pris	_____ betalar man på internet.
7	en älskad kung	George VI var _____ på länge.
8	långa killar	Han nådde inte upp till _____.
9	en liten lön	Lärarna får _____ bland yrkesfolk.
10	ett högt berg	Everest är _____ i världen.
11	en glädjande nyhet	Lönelyftet var _____.
12	ett typiskt symtom	Utslag är _____ på mässling.

Älgen

Älgen (artnamnet *alces alces* har den fått av den svenska botanikern Carl von Linné 1707–1778) är världens största levande hjortdjur och Europas största landlevande däggdjur. Den nordamerikanska älgen är större och tyngre än den europeiska.

Sverige har upp till 400 000 älgar och färre än 100 000 skjuts i älgjakten mellan september och januari varje år. Man jagar älg för köttets skull och för att begränsa antalet älgar eftersom de skadar gröda och vållar många trafikolyckor – i genomsnitt 12 om dagen.

De är stora djur och kan väga omkring 500 kg. De är vegetarianer och lever huvudsakligen på gräs, blad, skott och örter men också vattenliljor – älgar är duktiga simmare.

Det är bara handjuret – tjuren – som bär horn. Pälsen är gråbrun men blir något ljusare på vintern. Älgen är mest aktiv när det är mörkt, då den kan gå långa sträckor – fast ofta ganska långsamt. Julius Caesar skriver i sin bok om de galliska krigen att älgen sover i träd, vilket den givetvis inte gör.

UNIT 18
Word order – main and subordinate clause; conjunctions; 'that'

A subordinate clause forms part of the main clause

A *subordinate clause* (or sub clause) is a group of words containing a finite verb and subject; this group usually forms the subject, object or other adverbial (MPT expression; see Unit 5) within a *main clause* sentence (see Unit 8):

	Sub clause is:
Att du mår bättre är ett bra tecken.	Subject
That you are feeling better is a good sign.	
Jag gillar inte *att han är självisk*.	Object
I don't like (the fact) that he is selfish.	
Vi äter *när vi kommer hem*.	MPT (time)
We will eat when we get home.	
Vi köper en ny bil *om vi får lönelyft*.	MPT (condition)
We'll buy a new car if we get a salary increase.	

Some adverbial sub clauses, particularly of time and condition, may come at the beginning of the main clause. Notice that there is then inversion (finite verb – subject) in the main clause sentence:

När vi kommer hem, **äter vi.**
When we get home, we will eat.

Om vi får lönelyft, **köper vi en ny bil.**
If we get a salary increase, we'll buy a new car.

Differences from main clause word order

The word order in the sub clause differs from that of the main clause in several important respects:

1   The sub clause usually begins with a conjunction such as **att** 'that'; **om** 'if, whether'; **som** 'which'; **när** 'when'; **eftersom** 'because', etc.

2   Unlike the main clause, which may have either straight or inverted word order (subject – finite verb *or* finite verb – subject), the sub clause always has straight word order and begins conjunction – subject.

Compare:

Sub clause

straight   **. . . om *vi får* lönelyft**   . . . if we get a salary increase

Main clause

straight   ***Vi får* lönelyft!**   We're getting a salary increase!
inverted   **Lönelyft *får vi*.**   We'll get a salary increase.
inverted   ***Får vi* lönelyft snart?** Will we get a salary increase soon?
inverted   **När *får vi* lönelyft?**   When do we get a salary increase?

For the position of the adverbial in main and sub clauses, see Unit 23.

Exercise 18.1

Underline the sub clause in the following sentences.

1   Rebecka vill visa att hon inte bryr sig om det.
2   Jag undrar om hon talar svenska.
3   Eftersom Ingvars mamma är engelska, är språket inget problem.
4   När man är över 60, är det svårare att skaffa arbete.
5   Vi vill inte gå på festen, därför att vi är trötta.
6   Hon pratar med en ung man som är arkitekt.
7   Det är jobbigt att cykla när det är mörkt.
8   Innan du säger något, vill jag ställa en fråga.
9   Medan ni är i Stockholm kan ni besöka Vasamuseet.
10 Peter är professor fastän han inte har publicerat särskilt mycket.
11 Jag föreslår detta vid mötet ifall du inte har något emot det.
12 Sedan vi var barn, har vi alltid haft semester i juli.

Exercise 18.2

Complete the sentences by rearranging the words on the right so as to make a sub clause.

1   Hon säger   med honom / att / tänker / gifta sig / hon

_____

2   Chefen undrar   möjligen / redan nästa vecka / om / kan / vi / jobba / börja

_____

3 Numera tycker många   världen / inte / kärnvapen / ska ha / att

_____

4 Han får gå fri   oskyldig / är / han / därför att / till brottet

_____

5 Flyktingar måste börja om   / kommer / äntligen / när / de / till ett nytt land

_____

Words that begin the sub clause

Words that come at the beginning of the sub clause in the Conjunction position are
of three kinds:

1   Subordinating conjunctions

- The general subordinators **att** and **om**:

    att introduces indirect speech:

    Hon säger att Lennart är sjuk.   She says that Lennart is ill.
    Compare: **Hon säger: "Lennart är sjuk."**

    om introduces an indirect question:

    Hon frågar om han är sjuk.   She is asking if he is ill.
    Compare: **Är han sjuk?**

- Other subordinating conjunctions introducing adverbial clauses:

    Time clauses: **innan, medan, när/då/sedan**

    Min mor var alltid glad _när jag var barn._
    My mother was always happy when I was a child.

    Innan man går över gatan behöver man titta noga åt båda håll.
    Before you cross the street, you need to look carefully both ways.

    Causal clauses: **därför att, eftersom**
    Note that **därför att** never begins the sentence.

    Du bör inte gå ut _eftersom det är så fruktansvärt kallt._
    You shouldn't go out because it is so terribly cold.

    Conditional clauses: **om/ifall**

    En ambulans tar dem till sjukhus _om de insjuknar._
    An ambulance takes them to hospital if they fall ill.

Intentional clauses: **för att, så (att)**

De åker till Uppsala *för att lära sig svenska.*
They are going to Uppsala to learn Swedish.

Concessive clauses: **fast(än)/trots att**

Hon går till arbete fast hon är förkyld.
She is going to work although she has a cold.

2   Other subordinators including interrogative pronouns (**v**-words) and adverbs.
These words introduce indirect questions:

Jag vill veta *vad han gör*   I want to know what he is doing.
Compare: **Vad gör han?**   What is he doing?

Jag undrar *vem som betalar.*   I wonder who is paying
Compare: **Vem betalar?**   Who is paying?

3   Relative pronouns and adverbs (see Unit 21).

Exercise 18.3

Insert a suitable conjunction from the list provided in the sentences below.

att 'that'; **om** 'if, whether'; **för att** '(in order) to'; **fast(än)** 'although'; **när** 'when';
eftersom 'because'; **medan** 'while'; **trots att** 'even though'; **innan** 'before'; **därför**
att 'because'; **även om** 'even if'

1   Vi tar en promenad _____ det snöar.
2   _____ han är i Stockholm brukar han besöka Vasamuseet.
3   _____ hon är så duktig på att springa, klarar hon nog av maraton också.
4   Hon kommer till arbetet _____ hon är sjuk.
5   Man ska tänka noga _____ man bestämmer sig.
6   _____ jag var ung, var jag ofta förkyld.
7   Hon ber om pengar _____ hon behöver köpa mat åt barnen.
8   Den gamla stugan är mycket pittoresk _____ ingen vill bo där.

That

Swedish has several different equivalents to the English 'that':

As a subordinating conjunction = **att**

He said that he was tired.
Han sa att han var trött.

As a relative pronoun = **som**

She ate a dish that she really liked.
Hon åt en rätt som hon verkligen tyckte om.

Exercise 18.4

Insert the Swedish word that corresponds to 'that'.

1   De säger _____ de ska vara här om några minuter.
2   Det är i Solna _____ jag brukar träffa Uno.
3   Han läser en bok _____ jag också gillar.
4   Han är så arg _____ han skakar.
5   Efter ett par år är han nog så framgångsrik _____ han blir miljonär.

Svensk mat

Att svensk mat betyder köttbullar, smörgåsbord och knäcke-
bröd vet alla som kan något om Sverige. Om man tror att det är
allt som det svenska köket erbjuder har man å andra sidan fel.
Mycket på dagens svenska matbord har sitt ursprung i landets
historia där jakt och fiske länge var viktiga.

Svenskarna äter gärna vilt – inte bara ren, älg, vildsvin och
hare utan även skogsfåglar som ripa och orre. Svamp och vilda
bär från skogen är vanliga i många rätter och blåbärssoppa är en
populär dryck på kalla vinterdagar.

Innan man hade kylskåp konserverade svenskarna mat på
olika sätt. Därför är traditionella rätter i det svenska matarvet
inlagd sill (sill i en lag av salt, socker, ättika och kryddor), gravad
lax (lax i en blandning av salt och socker) och surströmming (jäst
fisk med intensiv rutten lukt).

Trots att svenskarna värnar om sina traditioner är de också
öppna för främmande matinfluenser. Omtyckta rätter som
kåldolmar (köttfärs och ris som fyllning i ett kålblad) och våff-
lor kommer ursprungligen från Turkiet respektive Frankrike.
Till våfflor äter man ofta hjortronsylt från norra Sveriges myrar.
Om du vill veta vad svenskarna gillar mest i dag hör utländska
smaker som pizza, kebab, sushi och caffè latte till landets nya
favoriter.

UNIT 19

Verb conjugations I, II, III – past and perfect tenses

Past and perfect tenses

As explained in Unit 4, there are four conjugations of Swedish verbs.

Conjugations I, II and III form their past tense ('I worked') by adding an ending to the stem of the verb. The stem, as can be seen below, is the part of the verb that all forms of that verb have in common.

Swedish forms the perfect tense ('I have worked') with the auxiliary **har** + the supine form of the verb, and the pluperfect tense ('I had worked') with **hade** + supine.

First conjugation forms

To form the past tense, first conjugation verbs add **–de** to the stem. To form the supine, first conjugation verbs add **–t** to the stem:

Conj.	Infinitive	Stem	Past	Supine	
I	**arbeta**	**arbeta**	**arbeta***de*	**arbeta***t*	work
	studera	**studera**	**studera***de*	**studera***t*	study

Roughly two-thirds of all Swedish verbs belong to the first conjugation, including all verbs ending in **–era** and all newly formed verbs with stems in **–a**, e.g. **blogga** 'to blog'.

Exercise 19.1

Fill in the gaps with the correct form of these first conjugation verbs.

Infinitive	Present	Past	Supine
_____	frågar	_____	_____
_____	_____	började	_____
_____	_____	_____	talat
_____	_____	kostade	_____
räkna	_____	_____	_____

		spelade	
	jobbar		
			lämnat
vänta			
		öppnade	
fika			
		hävdade	

Second conjugation forms

The second conjugation is divided into two types:

IIa – stem ends in a voiced consonant
IIb – stem ends in a voiceless consonant (i.e. –k/–p/–s/–t/–x) or in –n

IIa verbs add –**de** to the stem to form the past tense and –**t** to form the supine:

Conj.	Infinitive	Stem	Past	Supine	
IIa	**stänga**	**stäng**	**stäng**de	**stäng**t	close
	leva	**lev**	**lev**de	**lev**t	live

IIa verbs whose stem ends in –**nd** drop the –**d** of the stem before adding –**de** to form their past tense and –**t** to form the supine:

Conj.	Infinitive	Stem	Past	Supine	
IIa	**sända**	**sänd**	**sän**de	**sän**t	send
	hända	**händ**	**hän**de	**hän**t	happen

IIa verbs whose stem ends in –**mm** or –**nn** drop an –**m**/–**n** before adding –**de** and –**t**:

Conj.	Infinitive	Stem	Past	Supine	
IIa	**glömma**	**glömm**	**glöm**de	**glöm**t	forget
	påminna	**påminn**	**påmin**de	**påmin**t	remind

IIa verbs whose stem ends in long vowel + –**d** shorten the vowel before the –**de** ending in the past tense and form their supine in –**tt**:

Conj.	Infinitive	Stem	Past	Supine	
IIa	**leda**	**led**	**led**de	**le**tt	lead
	betyda	**betyd**	**betyd**de	**bety**tt	mean

IIb verbs add –**te** to the stem to form the past tense and –**t** to form the supine.

Conj.	Infinitive	Stem	Past	Supine	
IIb	åka	åk	åk*te*	åk*t*	travel
	hjälpa	hjälp	hjälp*te*	hjälp*t*	help
	läsa	läs	läs*te*	läs*t*	read
	möta	möt	möt*te*	möt*t*	meet
	växa	väx	väx*te*	väx*t*	grow
	kröna	krön	krön*te*	krön*t*	crown

Exercise 19.2

Fill in the gaps with the correct form of these second conjugation verbs.

Infinitive	Present	Past	Supine
ringa	_____	_____	_____
_____	stänger	_____	_____
_____	_____	lekte	_____
_____	_____	_____	åkt
bygga	_____	_____	_____
_____	köper	_____	_____
_____	lever	_____	_____
_____	_____	vände	_____
_____	_____	_____	fryst
byta	_____	_____	_____

Third conjugation forms

To form the past tense, third conjugation verbs add –**dde** to the stem. To form the supine, third conjugation verbs add –**tt** to the stem.

Note that the stem vowel is shortened in the past tense and supine form of third conjugation verbs:

Conj.	Infinitive	Stem	Past	Supine	
III	**tro**	**tro**	**tro***dde*	**tro***tt*	believe
	sy	**sy**	**sy***dde*	**sy***tt*	sew

The third conjugation includes most verbs with stems ending in a long stressed vowel other than –**a**. There are, however, only a handful of third conjugation verbs in frequent use. These include: **avsky** 'detest'; **bero** 'depend'; **bete** 'behave'; **bo** 'live/dwell'; **bre** 'spread', **bry** 'care'; **fly** 'flee'; **klä** 'dress'; **nå** 'reach'; **ro** 'row'; **ske** 'happen'; **strö** 'sprinkle'.

Exercise 19.3

Fill in the gaps with the correct form of these third conjugation verbs.

Infinitive	Present	Past	Supine
ske	_____	_____	_____
_____	bor	_____	_____
_____	_____	avskydde	_____
_____	_____	_____	nått
bero	_____	_____	_____
_____	flyr	_____	_____
_____	_____	sådde	_____
_____	_____	_____	strött

Exercise 19.4

Rewrite the following text, changing all the verbs in the present tense into the past tense. To make it easier for you, the conjugation of each verb is indicated in brackets.

När vi reser (IIb) till Sverige möter (IIb) vi många människor som talar (I) engelska. Vi tror (III) att det beror (III) på att svenskarna tycker (IIb) att de pratar (I) bra engelska. Vi frågar (I) dem om de använder (IIa) engelska för att imponera på oss, men då skrattar (I) de bara. Vi försöker (IIb) tala svenska förstås men det hjälper (IIb) inte. Det verkar (I) som om alla som vi träffar (I) läser (IIb) böcker på engelska eller tittar (I) på engelskspråkiga filmer. Vi upprepar (I) att vi behöver (IIa) övning i svenska. Vi påminner (IIa) våra nya vänner men de glömmer (IIa) hela tiden. Lyckligtvis bor (III) vi i Stockholm hela sommaren och hör (IIa) mycket svenska på radion och ute på gatorna, så vi lär (IIb) oss en hel del ändå. Men när vi återvänder (IIb) hem mejlar (I) och ringer (IIa) våra vänner till oss på engelska. Vi svarar (I) på svenska men det sker (III) ingen förändring. Svenskarna älskar (I) att visa sina kunskaper i engelska.

Exercise 19.5

Elin has lots of things to do at home before she can go on holiday. She has written a checklist and ticked the tasks she has already attended to. Write sentences using the perfect tense with **har** and **har inte** as shown in the examples.

Elins checklista

1		Städa lägenheten
2		Slänga soporna
3	✓	Betala hyran

4		Tömma kylskåpet
5	✓	Mejla hotellet
6		Ringa föräldrarna
7	✓	Vattna blommorna
8		Sy i en knapp på kappan
9	✓	Köpa tågbiljetten
10		Packa väskan
11	✓	Byta sängkläder
12		Stänga av datorn

Examples: Elin har inte städat lägenheten.
Elin har betalat hyran.

Vasatiden

Under 1500-talet var Sverige ett stort men glest befolkat land med knappt en miljon invånare. Nästan alla bodde på landsbygden och levde av jordbruk Den största staden var Stockholm som bara hade 6 000 invånare.

I över 100 år var Sverige en del av Kalmarunionen, en union mellan kungarikena i Sverige, Norge och Danmark. Men under Gustav Vasas ledning lämnade Sverige unionen år 1523 och bildade ett eget rike. Gustav Vasa arbetade därefter med att stärka den svenska kungamakten och centralisera rikets förvaltning.

Samtidigt förorsakade han en brytning med påven och den katolska kyrkan. Man reformerade den svenska kyrkan och gjorde Sverige till ett protestantiskt land. Prästerna skulle fortsättningsvis predika på svenska och inte på latin som tidigare. Men den viktigaste förändringen för Gustav Vasas del var att staten förvärvade kyrkans jord och egendomar.

Under Gustav Vasas tid vid makten satsade man därför stora resurser på att förbättra landets industri och hantverk. Detta gällde speciellt järn och export av koppar, järn och trä.

Gustav Vasas ökade kontroll av Sverige resulterade i att ett missnöje bredde ut sig bland delar av bondebefolkningen. De svenska bönderna levde nu under större kontroll och skattetryck. Dessutom hade man berövat kyrkorna på deras vackra dyrbara ägodelar samtidigt som prästerna hade börjat predika Luthers lära. Många av bönderna som tidigare gett sitt stöd till Gustav Vasa vände sig nu mot honom. Under Gustav Vasas tid på tronen inträffade därför flera stora bondeuppror varav Dackefejden 1542 var det största. Gustav Vasa var mycket hård mot sina motståndare och krossade alla uppror med järnhand.

Slutligen gjorde Gustav Vasa kungatiteln ärftlig inom sin släkt. Vid Gustav Vasas död 1560 hade Sverige blivit ett stabilt arvrike med en stark statsmakt. Gustav Vasa med söner och barnbarn har därför satt stark prägel på Sveriges historia.

UNIT 20

Verb conjugation IV – past and perfect tenses

Past and perfect tenses – main subgroups

Fourth conjugation verbs are distinguished by the fact that they form their past tense not by adding an ending, but by changing the stem vowel (as in the English 'swim, swam'). There is sometimes a further vowel change in the supine form (as in the English 'swum'), which usually ends in –it.

There are five main subgroups of fourth conjugation verbs, categorised by 'gradation series', i.e. the vowels in their principal parts (infinitive/present – past – supine):

Gradation series	Infinitive	Stem	Present	Past	Supine	
i–e–i	skriva	skriv	skriver	skrev	skrivit	write
y/u–ö–u	flyga	flyg	flyger	flög	flugit	fly
	njuta	njut	njuter	njöt	njutit	enjoy
i–a–u	dricka	drick	dricker	drack	druckit	drink
a–o–a	ta	ta	tar	tog	tagit	take
ä–a–u	skära	skär	skär	skar	skurit	cut

Past and perfect tenses – mixed group

In addition to the five conjugation IV subgroups above, there are around a dozen common conjugation IV verbs whose principal parts do not conform to any of the main gradation series for strong verbs. This mixed group is dealt with in more detail in *Intermediate Swedish*, Unit 9:

Infinitive	Present	Past	Supine	
falla	faller	föll	fallit	fall
gråta	gråter	grät	gråtit	weep
hålla	håller	höll	hållit	hold
komma	kommer	kom	kommit	come
ligga	ligger	låg	legat	lie
låta	låter	lät	låtit	allow
slå	slår	slog	slagit	hit

slåss	slåss	slogs	slagits	fight
sova	sover	sov	sovit	sleep
svära	svär	svor	svurit	swear
vara	är	var	varit	be
äta	äter	åt	ätit	eat

Exercise 20.1

Fill in the missing forms of the verbs from the gradation series **i–e–i**.

Infinitive	Present	Past	Supine
			drivit
gripa			
	river		
		sken	
skrika			
			stigit
lida			

Exercise 20.2

Fill in the missing forms of the verbs from the gradation series **y/u–ö–u**.

Infinitive	Present	Past	Supine
			bjudit
ljuga			
	sjunger		
		frös	

Exercise 20.3

Fill in the missing forms of the verbs from the gradation series **i–a–u**.

Infinitive	Present	Past	Supine
binda			
			brunnit
	finner		
		sprang	
sitta			
			vunnit

Exercise 20.4

Fill in the missing forms of the verbs from the gradation series **a–o–a**.

Infinitive	*Present*	*Past*	*Supine*
dra	_____	_____	
_____	_____	_____	**föredragit**
_____	**antar**	_____	_____

Exercise 20.5

Fill in the missing forms of the verbs from the gradation series **ä–a–u**.

Infinitive	*Present*	*Past*	*Supine*
_____	**bär**	_____	
_____	_____	_____	**skurit**
_____	**svälter**	_____	_____

Exercise 20.6

Rewrite the following texts changing all the verbs in the present tense into the past tense.

1   Gradation series **i–e–i**
    Elin skriver att solen skiner alla dagar under semestern. Elin stiger upp tidigt varje dag och rider på sin häst på stranden. Men hon skriver också att måsarna skriker på morgonen och att myggorna biter på kvällen.

2   Gradation series **y/u–ö–u**
    Temperaturen sjunker vid julen och vattnet fryser. Stora isflak flyter på havet. Många fåglar flyger till varmare länder. Men jag njuter av julstämningen och bjuder några vänner hem till mig där vi sjunger julsånger.

3   Gradation series **i–a–u**
    Veden brinner i kaminen medan jag sitter och dricker te. Just för ögonblicket slipper jag jobba, så jag finner en bra cd att lyssna på och försvinner in i drömmarnas värld. Jag hinner lyssna länge innan drömmarna spricker.

4   Gradation series **a–o–a**
    Det tar lång tid att segla till Australien. Jag föredrar att flyga och jag antar att mina reskamrater föredrar det också. Men flygresan bidrar tyvärr till global uppvärmning.

5   Gradation series **ä–a–u**

I vissa länder svälter många fattiga människor. Andra bär vatten lång väg varje dag för att överleva. Den rika världen stjäl resurser från de fattiga. Ändå skär vi ner på vår hjälp till de länderna.

Exercise 20.7

Now give the supine form of each of the verbs in Exercise 20.6 that you have changed into the past tense.

Example: 1 Gradation series **i–e–i**.
skrivit – skinit – stigit, etc.

Exercise 20.8

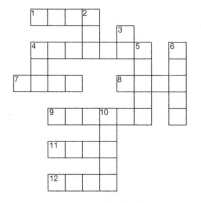

Complete the crossword above using the clues given.

Across (Vågrätt)

1 Past tense of **falla**
4 Supine form of **slåss**
7 Present tense of **svära**
8 Past tense of **svära**
9 Supine form of **hålla**
11 Past tense of **slå**
12 Supine form of **äta**

Down (Lodrätt)

2 Past tense of **ligga**
3 Past tense of **äta**
4 Past tense of **sova**
5 Supine form of **sova**
6 Supine form of **vara**
10 Supine form of **ligga**

Stormaktstiden

Perioden 1611–1718 var den epok då Sverige var en europeisk stormakt. Under den tiden vann svenskarna landskapen Skåne, Halland, Bohuslän, Blekinge, Jämtland och Härjedalen samt Gotland.

Kung Gustav II Adolf ledde landet in i 30-åriga kriget i norra Europa, och han erövrade flera territorier (bland annat nuvarande Estland, Lettland och Litauen) och gjorde Österjön till ett svenskt innanhav. Gustav II Adolf föll i strid under slaget vid Lützen i Tyskland den 6 november 1632.

Han son Karl X Gustav besegrade Danmark, och år 1658 fick Sverige sina nuvarande gränser.

Men seklet var också en period av stor ekonomisk och industriell expansion: man grundade gymnasier, administrationen blev modern, och handeln fick vind i seglen. Man började till och med grunda kolonier i till exempel Nordamerika.

När Sverige tog landområden från flera av sina grannar, skaffade landet sig fiender. När landet slog till mot Peter den stores moderniserade Ryssland under det stora nordiska kriget (1700–1721) var Sveriges storhetstid snart förbi. Den svenska armén under Karl XII led ett stort militärt nederlag mot Peter den store vid Poltava i Ukraina år 1709, och med Karl XII:s död i Norge 1718 tog stormaktstiden definitivt slut.

UNIT 21
Adverbs and adjectives; form and comparison of adverbs

What do adjectives and adverbs do?

Adjectives describe:

- a noun **De är *gamla* vänner.** They are old friends.
- a phrase/clause **Att köra fort är *dumt*.** Driving fast is stupid.

Adverbs describe (qualify):

- a verb **Hon äter *långsamt*.** She eats slowly.
- an adjective **Han var *otroligt* dum.** He was incredibly stupid.
- an adverb **Du går *väldigt* fort.** You walk very quickly.

In a Swedish clause, adverbs may either be clausal adverbials, qualifying the clause as a whole (e.g. **inte, alltid, ofta**) or other adverbials of manner, time or place (e.g. **långsamt, tidigt, hemma**). See Unit 8 for their respective positions in the clause.

Adverbs formed from adjectives

Many adverbs are formed from adjectives by adding –t to the adjective:

Bussen är snabb. The bus is fast/quick.
ADJECTIVE
Bussen kör snabb*t*. The bus is travelling fast/quickly.
ADVERB

Learners need to be alert to the difference between the adverb and the neuter form of the adjective:

Tåget är snabbt. The train is fast/quick.
ADJECTIVE

Tåget kör snabbt.   The train is travelling fast/quickly.
ADVERB

Some adverbs formed from adjectives ending in **–lig** take the ending **–en** or **–tvis**:

ADJECTIVE   **Du har en verklig möjlighet att göra vad du vill.**
              You have a real opportunity to do what you want.

ADVERB   **Har jag verkligen en möjlighet att göra vad jag vill?**
              Do I really have an opportunity to do what I want?

ADJECTIVE   **Det är naturligt att en mor älskar sitt barn.**
              It's natural that a mother loves her child.

ADVERB   **Naturligtvis älskar en mor sitt barn.**
              Naturally, a mother loves her child.

Some adverbs that are not formed from adjectives

Time   **aldrig** 'never'; **alltid** 'always'; **då** 'then'; **förr** 'previously'; **ibland**
          'sometimes'; **igen** 'again'; **länge** 'for a long time'; **nu** 'now'; **ofta**
          'often'; **redan** 'already'; **strax** 'shortly'
Manner   **alldeles** 'completely'; **bra** 'well'; **fort** 'quickly'; **ganska** 'fairly,
          rather'; **lite** 'a little'; **mycket** 'very'
Place   **här/hit** 'here/to here'; **hem/hemma** 'to home/at home'
          (see Unit 22)

Note also: conjunctional adverbs (e.g. **också** 'also') and negations (e.g. **inte** 'not'),
as well as other common clausal adverbs such as **kanske** 'perhaps', **bara** 'only' and
tyvärr 'unfortunately'.

Comparison of adverbs

Adverbs formed from adjectives have the same comparative and superlative forms
as their adjectival counterparts, i.e. the adverbial **–t** ending is dropped before adding
the comparative ending **–are** or the superlative ending **–ast**:

Positive		*Comparative*	*Superlative*
tidigt	early	**tidigare**	**tidigast**
sent	late	**senare**	**senast**
långt	far	**längre**	**längst**

Adverbs formed from adjectives that have an irregular comparison compare in the
same way as their adjectival counterparts:

Positive		Comparative	Superlative
väl, bra	well	**bättre**	**bäst**
dåligt	poorly	**sämre**	**sämst**
dåligt	badly	**värre**	**värst**
lite	(a) little	**mindre**	**minst**
mycket	much	**mer(a)**	**mest(a)**

Some other adverbs also compare by adding an ending **–are**:

Positive		Comparative	Superlative
fort	quickly	**fortare**	**fortast**
ofta	often	**oftare**	**oftast**
sakta	slowly	**saktare**	**saktast**

Note also:

gärna	willingly	**hellre**	**helst**
nära	close	**närmare**	**närmast**

Adverbs ending in **–ligen**, **–(t)vis** do not usually compare.

Exercise 21.1

Is the word in italics an adjective or an adverb? Mark the correct box.

	Adjective	Adverb
	☑	☒
Det blir nog ett *snabbt* slut.	☐	☐
Det gick *snabbt*.	☐	☐
De har skapat ett *snyggt* hem.	☐	☐
Du dansar *väldigt* snyggt.	☐	☐
Det är helt *naturligt*.	☐	☐
Politikern talar inte *naturligt*.	☐	☐
Det var inte *oväntat*.	☐	☐
Han kom helt *oväntat*.	☐	☐
Det blev inget *lyckligt* slut.	☐	☐
Han är *lyckligt* gift.	☐	☐

Exercise 21.2

Find five opposites among the adverbs in the following list and pair them.

aldrig – nu – tidigt – kanske – igen – snabbt – länge – oftast – då – väldigt – sent –
bara – snart – mycket – gärna – dåligt – långsamt – tyvärr – alltid – bra

Exercise 21.3

Now use each of the remaining adverbs in one of the sentences below.

Jag har väntat _____ på bussen. Bussen kommer _____ i tid men den är
_____ försenad i dag. _____ har det regnat och jag har blivit _____ blöt. Jag
vill _____ gå hem _____, men bussen _____ kommer _____. Jag väntar
_____ fem minuter till.

Exercise 21.4

Which words are adverbs? Underline them (not all sentences contain an adverb;
some contain more than one).

1   Det var ett otroligt vackert rum.
2   Hon målade rummet mycket snabbt.
3   Är det möjligt för dig att komma?
4   Kan du möjligen komma hit?
5   Naturligtvis kommer jag så fort jag kan.
6   Jag har aldrig sett henne så oerhört glad.
7   Han är mycket intelligent, men inte särskilt trevlig.
8   De pratade länge om ganska många saker.
9   Svaret var rätt.
10 Han svarade aldrig rätt.

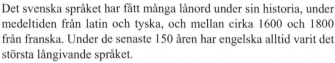

Engelska i svenskan

Det svenska språket har fått många lånord under sin historia, under medeltiden från latin och tyska, och mellan cirka 1600 och 1800 från franska. Under de senaste 150 åren har engelska alltid varit det största långivande språket.

De engelska lånorden har främst hämtats inom populärkultur-området: **pop, cd, disco, jazz, jeans, skateboard, t-shirt, bubbelgum, popcorn**. Här kommer nya trender (vanligtvis från den anglo-amerikanska världen) så snabbt att det inte hinner skapas svenska ord. Teknologiområdet har tidigare varit viktigt, med ord som **radio, webb, server**, och sport med ord som **fotboll, tennis, träna**.

Engelska verb och adjektiv är förvånansvärt lätta att adaptera till svenska mönster: **coach** blir **coacha, strike** blir **strejka, trendy** blir **trendig**.

Däremot är det ofta svårare att böja vissa engelska substantiv, som exempelvis ord som slutar på –**er**. Ska det heta **blinkers, blinkrar** eller **blinker** i pluralis?

Språkvården har då och då försökt att ersätta engelska låneuttryck med svenska ord. Ibland har försöken varit framgångsrika: till exempel **krockkudde** (airbag) och **hemsida** (home page). För andra ord väljer språkbrukarna att behålla det engelska ordet som i **outsourcing** eller **pacemaker**.

Det engelska inflytandet har gått längre än bara vokabulären. Svenskarna har nämligen (felaktigt) börjat använda sig av den engelska genitivapostrofen – **Erik's Optik** (borde vara **Eriks**).

Ordlån eller konstruktionslån är egentligen inte problemet. Eftersom språket i internationell forskning numera är engelska, finns en risk att svenskan förlorar terräng inom viktiga ämnesområden som teknologi och naturvetenskap.

UNIT 22
Adverbs – location and direction

Swedish retains a distinction no longer found in English, using different forms of certain adverbs with verbs to indicate location at a place and motion to and from a place, respectively. English used to have this distinction in, for example, 'here/ hither/hence', but as the examples below show, 'here' is now widely used in all instances:

Han bor *här*.	He lives *here*.	Location
Han kommer *hit*.	He is coming *here*.	Motion towards
***Härifrån* till evigheten.**	*From here* to eternity	Motion away from

Location		*Motion towards*		*Motion away from*	
Where?		*Where to?*		*Where from?*	
var(?)	where	**vart(?)**	where to	**varifrån(?)**	where from
här	here	**hit**	(to) here	**härifrån**	from here
där	there	**dit**	(to) there	**därifrån**	from there
inne	in(side)	**in**	in	**inifrån**	from inside
ute	out(side)	**ut**	out	**utifrån**	from outside
uppe	up	**upp**	up(wards)	**uppifrån**	from above
nere	down	**ner**	down(wards)	**nerifrån**	from below
hemma	(at) home	**hem**	home(wards)	**hemifrån**	from home
framme	in front	**fram**	forward(s)	**framifrån**	from the front
borta	away	**bort**	away	**bortifrån**	from that direction

Note the following idiomatic usages:

Han ringde hit i går.	He phoned here yesterday.
Jag längtar hem.	I'm longing to go home.
Vi bor tre trappor upp.	We live on the third floor. (US English: fourth floor)
När är vi framme?	When are we there?
När kommer vi fram?	When do we arrive?

121

Exercise 22.1

Choose the correct form of the adverbs that are given in bold text in each of the following Swedish sentences.

1 **Var/vart** är han på väg?   Han är på väg **hem/hemma**.
2 **Var/varifrån** kommer han?   Han kommer **hemma/hemifrån**.
3 **Var/vart** är han nu?   Han är **hem/hemma/hemifrån**.
4 **Var/vart** åker han?   Han åker **borta/bort**.
5 **Var/vart** kommer han ifrån?   Han kommer **där/dit/därifrån**.
6 **Var/vart** finns pengarna?   Pengarna finns **in/inne/inifrån** i skåpet.
7 **Var/vart** bor du?   Jag bor **där/dit**.
8 **Var/vart** går han?   Han går **uppe/upp/uppifrån** till toppen.
9 Är vi snart **fram/framme**?   Vi kommer **fram/framme** om en timme.
10 Är chefen **inne/in/inifrån**?   Nej, han har gått **ute/ut/utifrån**.

How to translate 'where'

The English 'where' is rendered in different ways in Swedish, depending on whether it has an interrogative function (i.e. it introduces a direct or indirect question) or a relative function (i.e. it follows a noun or noun phrase and introduces a relative clause):

	Location	Motion
Question	**var?**	**vart?**
	Var är du?	**Vart går du?**
	Where are you?	Where are you going?
	Jag frågade var han var.	**Jag frågade vart han gick.**
	I asked where he was.	I asked where he went (to).
Relative	**där**	**dit**
	Här finns ett ställe	**Det finns ett annat**
	där vi kan äta	**ställe dit vi kan gå.**
	Here's a place	There's another place
	where we can eat.	where we can go (to).

The relative adverb **där/dit** usually follows a noun or noun phrase:

Han äger huset där vi bor. He owns the house where we live.
Han vet var vi kan bo. He knows where we can live.

Exercise 22.2

Enter the correct form **var/vart/där/dit** in each of the following Swedish sentences.

1 _____ åker ni på semester i år?
2 Vi vill besöka Visby _____ vi studerade på 90-talet.
3 Visby är en vacker stad _____ många turister åker på
  sommaren.
4 Vet du _____ vi kan bo när vi är i Visby?
5 Vi har en lägenhet _____ ni kan bo.
6 Jag vet inte _____ i Visby ni bor.
7 Inget problem! Jag kan förklara precis _____ du ska gå.
8 Tack! _____ är lägenheten?
9 Lägenheten är ovanför ett bageri _____ man bakar gott bröd.
10 Folk går _____ för att köpa bröd.

Vikingastaden Birka

Birka växte fram på 700-talet på den lilla ön Björkö i sjön Mälaren,
inte långt väster om platsen där Stockholm nu ligger.

Staden var en viktig handelsplats med inte mindre än tre
hamnar, och handelsmän kom dit från hela centrala Sverige och
från Östersjön och ännu längre bort i Ryssland. På den tiden kunde
man segla rakt in i Mälaren från havet. Där bytte man pälsar från
norra Sverige, Finland och Ryssland och bärnsten mot keramik från
Rhendalen, glas, textilier och silke från Orienten.

Birka hade på sin höjd 700 invånare och var Sveriges första rik-
tiga stad. Svearnas kung (Sverige = svearnas rike) som bodde på
andra sidan fjärden på Hovgården på Adelsö, grundade staden.

Där finns hundratals gravplatser och vid medeltidskyrkan på
Adelsö står gravhögar, bland annat de tre stora "Kungshögarna."

Munken Ansgar kom dit år 829 och igen 21 år senare men
förmådde inte konvertera hela staden. Från gravarna kan man se
att kristna och hedningar levde där sida vid sida i nästan 200 år.
Senare övertog det närbelägna Sigtuna Birkas roll som handels-
plats.

UNIT 23

Word order – main and subordinate clauses; position of the clausal adverbial; relative clauses

For the main clause, see Units 5, 8 and 18. For subordinate clause order, see Unit 18.

Position of the clausal adverbial, SIV

A major difference between the sub clause and the main clause is that in the main clause, the clausal adverbial (or adverb) comes after the finite verb, while in the sub clause it always comes before the finite verb. The mnemonic SIV (subject – **inte** – verb) may help you remember this order for the sub clause, though the order applies to all adverbials, and not just **inte**:

Vi *får inte* **lönelyft i år.**	Main clause
We are not getting a salary increase this year.	
Om vi *inte får* **lönelyft, slutar jag.**	Sub clause
S I V	
If we do not get a salary increase, I'm leaving.	
Lars *dricker aldrig* **kaffe.**	Main clause
Lars never drinks coffee.	
Hon säger att Lars *aldrig dricker* **kaffe.**	Sub clause
S I V	
She says that Lars never drinks coffee.	

Relative clauses

Relative clauses begin with a relative pronoun or adverb. These clauses provide an explanation of a preceding noun phrase. The most common relative pronoun is **som**:

Tjejen *som vi kände* **var mycket trevlig.**
<   subject   >
The girl we knew was very pleasant.
(**Som** clause is part of the subject)

Tack för ditt brev *som jag läste med stort intresse.*

    <   object   >

Thank you for your letter which I read with great interest.

(**Som** clause is part of the object)

While questions use **var** in Swedish (where), relative clauses use **där** or **dit** (see Unit 22):

Byn *där hon bor* heter Midsummer.

<   subject   >

The village where she lives is called Midsummer.

(**Där** clause is part of the subject)

Exercise 23.1

Insert the clausal adverbial provided into the sub clause.

1   inte   Henrik sa att han ville dricka te i kväll.

_____

2   ofta   Jag undrar om Pelle byter strumpor.

_____

3   aldrig   Vi tror att hon har älskat en annan människa.

_____

4   faktiskt   Jag undrar om Nils har besökt Island.

_____

5   egentligen Jag tvivlar på att det var läkarens fel.

_____

6   möjligen   Jag undrar om ni kan säga var stationen ligger.

_____

7   verkligen Hon tycker att det är kul att ligga här i solen.

_____

8   genast   Chefen säger att han skall sätta igång med arbetet.

_____

Exercise 23.2

Insert the clausal adverbial provided in the correct position into the clause in italics (this may be a main or sub clause).

1   *Läkare brukar göra hembesök.*   inte längre

_____

2   De undrade *om vi ville åka dit.*   genast

_____

3   *Vi har inga pengar förrän vid veckoslutet.*   faktiskt

_____

4   Jag frågade honom *varför han hade ringt oss.*   aldrig

_____

5   *Eftersom vi var där på besök* kände vi honom väl.   ofta

_____

6   *Drick sprit när du kör bil!*   aldrig

_____

7   *Eftersom de var borta över sommaren* träffades
    vi aldrig.   alltid

_____

8   *Han bestämde sig för att gå i pension.*   därför

_____

Exercise 23.3

Use the relative pronoun **som** or the adverb **där** where appropriate in the following
sentences.

1   Det var min moster Karin _____ jag hälsade på i går.
2   Vi har en sommarstuga _____ vi bor på semestern.
3   Det stora huset _____ de hade i stan var mycket bekvämt.
4   Presenterna _____ vi brukade få vid jul var oftast enkla.
5   I salongen _____ hela familjen satt var det fin stämning.
6   Syskonen, _____ bor långt ifrån varandra, ringer varje dag.

Exercise 23.4

Explain which word is the odd one out in the lists that follow, using a construction
such as that shown in the example.

Potatis, äpple, päron, druva.   En frukt
Potatis passar inte, därför att det inte är en frukt.

Bil, tåg, häst, cykel   Ett fordon
Röd, blå, svart, apelsin   En färg
Gata, fiska, älska, baka   Ett verb
Sång, stol, bord, soffa   En möbel
Fågel, katt, lejon, ros   Ett djur
Läkare, lärare, författare, invånare   Ett yrke

Tallrik, skjorta, byxor, blus   Något som man har i garderoben

Korv, bröd, gräs, ost   Något som går att äta

Gräs, gurka, blad, smör   Grönt

Svenska, ryska, kanadensiska, spanska   Ett språk

Evert Taube

Evert Taube (1890–1976) är en av Sveriges nationalskalder, svensk författare av både visor och prosa, kompositör, trubadur och konstnär. Många svenskar kan flera av hans visor utantill och man sjunger dem gärna på fester.

Everts far var sjökapten som senare blev fyrmästare på ön Vinga utanför Göteborg. Som 17-åring gick Evert till sjöss och reste världen över. Mellan 1910 och 1915 bosatte han sig i Argentina, där han även blev argentinsk medborgare. Där hade han många olika arbeten och lärde sig också spela gitarr. Tillbaka i Sverige debuterade han som sångare med egna och andras visor redan 1918.

Taube är mest känd för de 200 visor han skrev och som i viss mån har återkommande figurer, t.ex. sjömannen och äventyraren Fritiof Andersson och den bohemiska konstnären Rönnerdahl.

Evert Taube bosatte sig i Stockholm men under olika perioder bodde han i sitt älskade Bohuslän.

Sydamerika, Stockholms skärgård och Västkusten figurerar ofta i visorna. Hans mest populära visor handlar ofta om sjömanslivet (Fritiof och Carmencita), kärleken (Sjösala vals) eller den vackra svenska naturen (Änglamark).

UNIT 24
Verbs – the –s form, deponents and –s passives

The –s verbs

The so-called –s verbs include:

The passive

There are, however, other forms of passive (see *Intermediate Swedish*, Unit 13):

Huset köptes av en miljonär.   The house was bought by a millionaire.

The deponent

The deponent has an –s form similar to the –s passive, but is active and intransitive (has no object) and, unlike the –s passive, does not usually have a form without –s:

Vi hoppas han vinner valet.   We hope he wins the election.

The –s forms of the verb

In the infinitive, past and supine, the –s is simply added on to the respective form of the verb:

Infinitive	Past	Supine	Meaning
spelas	spelades	spelats	be played
byggas	byggdes	byggts	be built
köpas	köptes	köpts	be bought
nås	näddes	nätts	be reached
skrivas	skrevs	skrivits	be written

Notice, however, how to form the present tense of **–s** verbs:

spelar	deletes –r	+s	spelas
bygger	deletes –er	+s	byggs
köper	deletes –er	+s	köps
når	deletes –r	+s	nås
skriver	deletes –er	+s	skrivs

The –s passive

Active verbs have a subject and an object, while passive verbs have a subject and an optional *agent*, beginning with the word **av**:

Active   **Ett svenskt företag uppfann uttagsautomaten.**
Subject   Active verb   Object
A Swedish company invented the ATM.

Passive   **Uttagsautomaten uppfanns   av ett svenskt företag.**
Subject   Passive verb Agent
The ATM was invented by a Swedish company.

A pronoun that is the object of an active verb changes its form from object to subject when it is transformed into the subject of a passive verb:

Active   *Passive*

Alla älskar *honom*.   ***Han* älskas av alla.**
Everyone loves him.   He is loved by everyone.

Many passive verbs have no agent. This is because the passive is often used in cases where the agent is unknown, unimportant or self-evident from the context:

Frukost serveras från 07.00 till 09.30.
Breakfast is served from 07.00 to 09.30.

Kyrkan byggdes på 1100-talet.
The church was built in the twelfth century.

Bernadotte föddes i sydvästra Frankrike.
Bernadotte was born in south-west France.

The deponent

Han låtsades vara sjuk den dagen.   He pretended to be ill that day.
Han trivs inte här.   He doesn't feel at home here.

Deponents include:

envisas (*pres.* **envisas**) 'persist'; **finnas** (*pres.* **finns**) 'to be, exist'; **hoppas**
(*pres.* **hoppas**) 'hope'; **låtsas** (*pres.* **låtsas**) 'pretend'; **lyckas** (*pres.* **lyckas**)
'succeed'; **minnas** (*pres.* **minns**) 'remember'; **misslyckas** (*pres.* **misslyckas**)
'fail'; **skämmas** (*pres.* **skäms**) 'be ashamed'; **synas** (*pres.* **syns**) 'be seen';
tyckas (*pres.* **tycks**) 'appear'; **töras** (*pres.* **törs**) 'dare'; **umgås** (*pres.* **umgås**)
'be friendly with'

Exercise 24.1

Insert the correct form of the deponent verb.

Example: **trivas** Vi bodde i Södertälje i flera år och där **trivdes** vi bra.

1	finnas	Det har aldrig _____ så många hemska vapen.
2	hoppas	Jag hade _____ kunna resa bort över helgen.
3	minnas	_____ du hur vi träffades första gången?
4	tyckas	Det _____ inte bli någon lektion i dag.
5	finnas	Det _____ ingen där när jag kom dit.
6	synas	Sedan _____ ett skepp vid horisonten.
7	umgås	Vi _____ med familjen för några år sedan.
8	lyckas	Nu har han äntligen _____ med sin uppgift.
9	skämmas	I dag _____ han för sina misstag.
10	låtsas	Han _____ sova när hon kom in.

Exercise 24.2

Change these sentences from active to passive, placing the verb in the –s passive
form, as in the example. Remember that active clauses with **man** become agentless
passives.

Example: En firma i stan bygger teatern.
  Teatern byggs av en firma i stan.

1 Sekreteraren skickar brevet i morgon.

_____

2 Grannarna bjuder oss på middag.

_____

3 Kyrkans medlemmar sände matpaket till fångarna.

_____

4 Terroristerna dödade inte gisslan.

_____

5   Konduktören stängde dörrarna.

6   Gustav III grundade Operan.

7   Tusentals svenskar läser den där romanen.

8   Man hör ingenting för bullrets skull.

9   Polisen söker en lång man i fyrtioårsåldern.

10   Familjen har sålt slottet.

11   Polisen har gripit den långe mannen.

12   En okänd har slagit världsmästaren.

13   Mamman kramar henne hårt.

14   Man ska klippa håret oftare.

15   Brandkåren släckte branden på en kvart.

16   Man strör florsocker på kakan.

17   Man firar Europeiska språkdagen den 26 september.

18   Alla i huset använder tvättmaskinen.

Åtta svenska uppfinningar

Blixtlåset – uppfanns i sin moderna form 1931 av smålänningen Gideon Sundbäck.

Dynamiten – sprängämne som uppfanns av Alfred Nobel (som 30 år senare testamenterade sin förmögenhet till Nobelprisen). Dynamit var en förbättring av det farliga nitroglycerinet och nu kunde det svaga svartkrutet ersättas.

Lidokain – lokalbedövningsmedel som uppfanns av Nils Löfgren och Bengt Lundquist på Stockholms högskola på 1940-talet. Lanserades som Xylocain av läkemedelsföretaget Astra 1948.

Pacemakern – den första opererades in av kirurgen Rune Elmqvist 1958 och pacemakern blev allt vanligare på 1960-talet.

Propellern till båtar och fartyg – Johan Ericsson från Värmland uppfann propellern 1836. Ericsson blev senare amerikansk medborgare.

Skiftnyckeln – patenterades av Johan Petter Johansson från Västsverige 1891.

Säkerhetständstickan – Edvard och Carl Frans Lundström tog patent på den fosforfria säkerhetständstickan. Säkerhetständstickor började tillverkas i Jönköping år 1853.

Tetra Pak – pyramidformat engångsemballage för mjölk, juice etc. som utvecklades av skåningen Ruben Rausing 1952. Den tegelstensformade och stapelbara Tetra Brik kom 1963.

UNIT 25
Word formation – introduction

New words and processes

New words are constantly entering Swedish, and old words fall into disuse. For example, the latest edition of *Svenska akademiens ordbok*, a publication that gives a picture of the current language, has added, inter alia: **aftershave**, **akronym**, **blogg**, **callcenter**, **nolltolerans**, **flashig**, **dubbelklicka**, **sms:a** 'send a text message', **uppgradera**.

Four main processes have historically altered the lexicon:

Borrowing	**nolltolerans**	←	from English: zero tolerance
Compounding	**bak|däck**		rear tyre
Affixation	**o|grammatisk**		ungrammatical
Abbreviation	**diska ← diskvalificera**		disqualify

Borrowing

Over the centuries, Swedish has received many loans, primarily from three other languages:

German (mainly 1300–1600)

Many words for new products, aspects of trade and urban life were introduced as German merchants settled in Sweden:

krydda 'spice'; **sirap** 'syrup'; **betala** 'pay'; **köpman** 'merchant'; **stad** 'town'; **borgmästare** 'mayor'

Also, many productive word formation affixes (see 'Affixation' below).

French (mainly 1600–1850)

Many words for high culture such as cuisine, fashion and the arts:

glass 'ice cream'; **möbel** 'piece of furniture'; **pjäs** 'play'; **konsert** 'concert'

After 1801, many French loans were systematically respelled to adapt them to Swedish orthography and pronunciation, e.g. 'crédit' becomes **kredit**, 'fabrique' becomes **fabrik**, etc.

English (approx. 1800–present day)

Many words for transport, food, games and, more recently, computing have been borrowed:

> **lok** 'locomotive'; **juice**; **träna** 'work out'; **app**; **brandvägg** 'firewall'

As can be seen from **brandvägg** above, loan translations from English are common, e.g. **soffpotatis** 'couch potato', **befolkningsexplosion** 'population explosion'. So too are respellings such as **paj** 'pie' and **tejp** 'tape'.

Compounding

English may have several forms of a compound, e.g. 'flower pot' or 'flower-pot' or 'flowerpot', whereas Swedish usually only has the last type, where **blomma** 'flower' and **kruka** 'pot' become **blom|kruka** (the vertical line used here is merely to indicate the separate elements of a compound, and is not used when writing Swedish).

Compound nouns are the most frequent type of compound. There are two main forms of compound, with or without a link –**s**–: compare, for example, **rad|hus** 'terraced house' and **rivning|s|hus** 'condemned building'. When the first element in a compound is itself a compound, there is usually an –**s**– before the final element: **stor|stad|s|trafik** 'city traffic'.

Some words ending in –**e** and –**a** drop a final vowel when compounded:

> **lärar*e* + lön** → **lärar|lön** 'teacher' + 'pay' → 'teacher's pay'
> **trapp*a* + hus** → **trapp|hus** 'stair' + 'house' → 'stairwell'

Affixation

Some new words are formed by adding a prefix or a suffix to a stem. This may, as in two of the examples below, be used to change the word class:

> *o*– + **lycklig** → **olycklig**   prefix **o**–
> un– + happy → unhappy   adjective to adjective
>
> **fri** + *–het* → **frihet**   suffix -**het**
> free + –dom → freedom   adjective to noun
>
> **bil** + *–a* → **bila**   suffix –**a**
> car → go by car   noun to verb

Abbreviation

Types of abbreviation include the following processes:

Reduction
el(ektricitet), labb (← laboratorium), temp(eratur)

Hypocorisms (pet names)
Janne (← Jan), Bettan (← Elisabet), Nisse (← Nils)

Initialisms (initials pronounced as letters)
VM (världsmästerskap), GP (Göteborgs-Posten), pc, wc

Acronyms (initials pronounced as words)
SAS (Scandinavian Airlines System), Saco (Sveriges akademikers centralorganisation), ROT (reparation, ombyggnad, tillbyggnad)

Very frequent in text are: **t.ex. (till exempel)** 'for example'; **bl.a. (bland annat)** 'among other things'; **d.v.s (det vill säga)** 'i.e.'; **o.s.v. (och så vidare)** 'etc.'; **s.k. (så kallad)** 'so-called'; **ca (cirka)** 'circa; approximately'.

Exercise 25.1

Form compounds from the following words.

1	sjö	fågel	_____
			seabird
2	skola	flicka	_____
			schoolgirl
3	trädgård	mästare	_____
			gardener
4	läkare	mottagning	_____
			doctor's surgery
5	lampa	skärm	_____
			lampshade

Exercise 25.2

Divide the following compounds into their constituent words.

1	arbetsledare	_____	_____
	works supervisor		
2	svensklärare	_____	_____
	Swedish teacher		

3   handduk   _____   _____
    hand towel

4   järnvägskorsning   _____   _____   _____
    railway crossing

5   skolboksförlag   _____   _____   _____
    schoolbook publisher

Exercise 25.3

(a) Using a dictionary or the Internet, find what the following initialisms and acronyms stand for.

SJ   _____
UD   _____
OS   _____
mc   _____
vd   _____
m.fl.   _____
t.o.m. _____
prao   _____
Stim   _____

(b) Using a dictionary or the Internet, discover the common abbreviated forms of the following words.

biograf   _____
blyertspenna   _____
charkuteri   _____
flexibel arbetstid   _____
livsmedelsaffär   _____
meromsättningsskatt   _____
realisation   _____

Gotland är både ett svenskt län och en stor ö (3 000 km^2) i mitten på Östersjön. Ön blev svensk först 1645.

Gotland har många fornlämningar, bland dem s.k. bildstenar från 700-talet, runstenar som ofta visar segelbåtar med krigsmän ombord. På vikingatiden blev ön en viktig handelsplats mellan Sverige och Ryssland. Den har också 92 medeltidskyrkor och öns enda stad, det pittoreska Visby, har en berömd ringmur som byggdes från ca 1250 för att försvara staden mot fiender utifrån.

I dag livnär sig Gotland på sommarturismen men fåravel är också utbredd. Många filmer har spelats in på ön, bl.a. av Ingmar Bergman som hade ett hus på den närliggande ön Fårö.

Naturen är helt olik den på fastlandet då den bygger på kalkstensberggrund och det finns mycket lite skog. Kusten varierar mellan klappersten, raukar (kalkstenspelare) och breda sandstränder.

Dialekten på Gotland skiljer sig väsentligt från rikssvenskan i det att den har utvecklat många diftonger som annars inte finns i svenskan, t.ex. **o** blir til **åo** som i **såol** (**sol**) och **u** blir till **eu** som i **heus** (**hus**).

KEY TO EXERCISES

Exercise 1.1

beef, boycott, bookmark, table tennis, chatline, discriminate, doping, electricity, flirt, fake, flashy, freelance, hamburger, home page, interview, jogging, character, conservative, chain reaction, crossword, crash, mail, nerd, okay, potato, skype, snobbish, stalking, tight, tape, trainer, tough, tourist, wire, virtual, website

Exercise 1.2

applause, balcony, boutique, bureau, ceremony, boss, farce, fillet, pleasant, jargon, criticism, lieutenant, migraine, perfume, poetry, popular, review, salon, stage, theatre, terrace

Exercise 1.3

advocate, admiral, define, fantastic, feast, cellar, porcelain, rucksack, soldier, tomato, walnut, waltz, anguish

Exercise 2.1

1 ha̱ta; 2 hatt; 3 ha̱vet; 4 ha̱; 5 ba̱ka; 6 backar; 7 band; 8 förr; 9 fö̱re; 10 fönster; 11 först; 12 ny̱; 13 nytt; 14 ny̱sa; 15 nysta; 16 ri̱ta; 17 ring; 18 ri̱ver; 19 ri̱s; 20 ri̱da

Exercise 2.2

Short o

[ɔ] e.g. **kosta**	[ɷ] e.g. **tro**
konst	blom
oss	bonde

slott	moster
jobb	ond
roll	tom
boll	

Long o

[o:] e.g. **ordna**	[ɷ:] e.g. **rot**
lova	jord
son	mord
teleskop	torn
order	torsdag
	mor
	ko
	fjord

Exercise 2.3

(a) Götene, Gäddede, Gällivare, Genarp, Gislaved

(b) Köpenhamn, Kivik, Kävlinge, Kyrkhult

(c) Skellefteå, Skövde, Skärholmen

Exercise 2.4

1 Va(d) ä(r) de(t)fö(r) da(g) ida(g)? – De(t) ä(r) ju tisda(g)!
2 Finns de(t) lite(t) brö(d) eller mycke(t)? – Vi har inte nå(go)t brö(d) alls.
3 Ja(g) har aldri(g) upplevt en så(da)n regni(g) da(g)! – Va(d) sa du för nå(go)t?
4 De(t) ska ja(g) göra i mor(g)on. – Gör de(t) då!
5 Har nå(go)n talat me(d) honom om de(t)? – Ja, de(t) har vi faktis(k)t.
6 Vi ska till sta(de)n i mor(g)on för att handla.
7 Ha(r) du nå(go)nting emot de(t)? – Nej, de(t) har ja(g) inte.
8 Se(da)n i sönda(g)s har han inte varit ute nå(go)nstans. Nu ska han till sta(de)n.
9 Ja(g) var go(d) vän me(d) henne för nå(g)ra år se(da)n.
10 Ja(g) har aldri(g) sagt hur trevli(g)t de(t) var vi(d) sjön.
11 Va(d) va(r) de(t) ja(g) sa skulle hända nu på tisda(g)?
12 Så(da)nt är livet! De(t) är mycke(t) tråki(g)t.

Exercise 3.1

ett album	en stockholmare
en bakelse	ett lidande

en regering   en lärare
ett förhållande   en nyhet
ett gymnasium   ett påstående
ett jubileum   en rörelse
en kappa   en svårighet
            en övning

Exercise 3.2

1 en; 2 ett; 3 en; 4 ett; 5 en; 6 ett; 7 en; 8 ett; 9 ett; 10 en; 11 ett; 12 ett; 13 en; 14 en

Exercise 4.1

använder, går, badar, behöver, betalar, betyder, dammsuger, duschar, flyger, frågar, följer, förstår, glömmer, handlar mat, hjälper, jobbar, kommer, kostar, lagar mat, lyssnar, läser, mejlar, pratar, reser, räknar, ser, sitter, sjunger, skriver, spelar, studerar, står, stänger, säger, talar, tittar på teve, tror, träffar, tvättar kläder, tycker, upprepar, vinner, visar, åker buss, öppnar

Exercise 4.2

är, jobbar, kommer, bor, talar, läser, förstår, hör, reser, kostar, åker, kör, flyger, går, lyssnar, träffar, tycker, är, frågar, säger, upprepar, förstår, hjälper

Exercise 4.3

1 Han 2 De 3 Hon 4 Vi 5 Hon, mig 6 Ni, dem

Exercise 4.4

1 Han vinner spelet. 2 Vi flyger till Danmark. 3 De arbetar i Stockholm. 4 Vi läser en bok. 5 Ni står och tittar. 6 Hon hör honom. 7 Dammsuger han huset? 8 Han/Hon ringer till honom. 9 De öppnar en butik. 10 Hon skriver till dig. 11 Han glömmer tidningen. 12 Han går till skolan. 13 Det går från Stockholm. 14 De kör från Malmö till Lund. 15 De bor i Sverige.

Exercise 4.5

All of your answers should be either 'Ja, det är jag' or 'Nej, det är jag inte', except for Q10: Ja, det kan jag/Nej, det kan hag inte

Exercise 5.1

1 Kommer Anne-Marie från Frankrike? 2 Lagar hon middag? 3 Han heter Lennart/ Lennart heter han. 4 Kör Eva bil? 5 Bor de i Uppsala? 6 Johan tittar på tv. 7 Chefen tar en dator till jobbet. 8 Tar chefen en dator till jobbet?

Exercise 5.2

1 Hon arbetar i dag. 2 Är hon lycklig? 3 Hon jobbar för IKEA. 4 Är de studenter? 5 Vi åker nu. 6 Har de inga barn? 7 Sven äter inte kött. 8 Snöar det mycket?

Exercise 5.3

1 Varifrån kommer du? 2 Var ligger Storgatan? 3 Var studerar du svenska? 4 När börjar filmen? 5 Varför flyttar de till Amerika? 6 Hur blir vädret i morgon?

Exercise 5.4

1 På sommaren åker de alltid till västkusten. 2 I Lappland ligger snön flera meter djupt. 3 Mjölk köper han på vägen hem. 4 År 1995 blev Sverige medlem i EU. 5 Senast den 10 januari flyger vi till Spanien. 6 Vid Öresund ligger staden Helsingborg. 7 Hela söndagen hade vi faktiskt arbetat. 8 Johanna träffar han i staden. 9 Snart är flygplanet klart för ombordstigning. 10 Hemma satt hans fru och väntade.

Exercise 6.1

1 Storbritanniens huvudstad 2 Stockholms universitet 3 Eriks farfar 4 Köpenhamns tunnelbana 5 vinterns slut 6 Finlands invånare 7 Skånes stora städer 8 skolans rektor 9 Norges fjäll 10 Sveriges sjöar och floder 11 Västerås omgivningar 12 Nordens länder

Exercise 6.2

våfflor	en hylla	fängelser	en kommissarie
skador	en räka	serier	en sambo
skivor	en soffa	tår	en linje
föreningar	en ö	pianon	ett frimärke
bollar	en varning	ställen	ett foto
tankar	en handske	områden	ett möte
kanaler	en station	bord	en gående
restauranger	en toalett	tekniker	ett fönster
konditorier	en detalj	exempel	en källare

Exercise 6.3

1 trappor 2 killar 3 ansikten 4 skönheter 5 bröst 6 elektriker 7 städare 8 rallyn 9 hotell
10 skrivningar 11 mediciner 12 minnen 13 arméer 14 resande 15 cigaretter 16 tåg
17 tabletter 18 läkare 19 lexikon 20 skillnader 21 arbeten 22 lampor

Exercise 6.4

ett område, en kandidat, en miljö, en naturupplevelse, ett djur, en blomma, ett vat-
tendrag, en skärgård

Exercise 6.5

nationalparker, generationer, skogar, betesmarker, riken, fjäll, delar, klippor

Exercise 7.1

1 fyrtiosex minus tjugotvå är lika med tjugofyra; 2 nio gånger sexton är lika med
hundrafyrtiofyra; 3 nittionio delat med trettiotre är lika med tre; 4 (ett)hundraarton
plus åttahundratjugoett är lika med niohundratrettionio

Exercise 7.2

1 Jag bor på Storgatan nittiotvå A. 2 Jag fyller år den tjugofjärde november. 3 Mitt
mobilnummer är noll sju sex nitton fyrtiofyra femtioett. 4 Jag kom till Sverige år nit-
tonhundranittionio och blev svensk medborgare år tvåtusenelva. 5 En kopp te kostar
trettiofem kronor.

Exercise 7.3

1 söndag den tjugoåttonde juni; 2 tisdag den trettionde juni; 3 onsdag den första juli;
4 lördag den tjugosjunde juni

Exercise 7.4

den nittonde juni nittonhundrasjuttiosex; den fjortonde juli nittonhundrasjuttiosju;
den trettonde maj nittonhundrasjuttionio; den tionde juni nittonhundraåttiotvå; den
tjugotredje februari tvåtusentolv

Exercise 7.5

1 tjugofjärde; 2 sjätte; 3 sextonde; 4 fjortonde; 5 första

Exercise 7.6

Jag var i Stockholm i söndags. Jag åker till Stockholm igen på onsdag och nästa torsdag flyger jag till England. Jag träffar vänner i Oxford på fredag. Sedan åker vi tillsammans till London på lördag. De åker ofta till London på helgen för att gå på teater. Jag kommer hem igen följande tisdag.

Exercise 7.7

Jag vaknar klockan sju. Jag ligger i sängen och lyssnar på radio till kvart över sju. Sedan duschar jag och klär på mig. Jag äter frukost mellan halv åtta och åtta. Jag tar bussen tio (minuter) över åtta och är på kontoret fem (minuter) över halv nio. Vi har rast på jobbet klockan tio och en timmes lunch från kvart i tolv.

På eftermiddagen fikar vi kvart över två. Kontoret stänger halv fem men det finns alltid mycket att göra innan det är dags att sluta för dagen någon gång mellan klockan fem och kvart i sex. Bussen hem går tio (minuter) i sex.

På kvällen äter jag kvällsmat klockan sju och tittar på tv-nyheterna från halv åtta till fem (minuter i) åtta. Sedan läser jag en bra bok och lägger mig runt halv elva-tiden.

Exercise 8.1

1 De går inte i skolan på lördagarna. 2 Elin reser aldrig till Italien. 3 Olle väljer ofta färggranna skjortor. 4 Just nu är han tyvärr ute. 5 På kvällen sitter hon gärna och ser på tv. 7 Regnar det inte lika mycket i Göteborg? 8 Efteråt kunde hon faktiskt inte komma ihåg det. 9 Han ställer nog in bilen i garaget. 10 Är han egentligen så intelligent som du tror? 11 De har antagligen mer pengar än många studenter. 12 På sommaren har de alltid trevliga fester.

Exercise 8.2

1 Vi ser på nyheterna på tv varje kväll. 2 Måste han alltid vara så förfärligt tråkig? 3 Han heter egentligen inte Frasse. 4 Har de några äpplen i affären i dag? 5 Jag blir trött på kvällen. 6 Varför måste hon hela tiden vara så blyg?

Exercise 8.3

1 Klockan sju vaknar Eva. 2 Hon har två katter i köket. 3 Först duschar hon. 4 Sedan lagar hon gröt till frukost. 5 Kaffe dricker hon efter frukost. 6 Hon kör sedan till skolan. 7 Hon är lärare. 8 Lektionerna börjar klockan åtta. 9 Lunch äter hon klockan elva. 10 Klockan två slutar skolan. 11 Sedan åker hon hem. 12 På kvällen förbereder hon lektioner till morgondagen.

Exercise 8.4

ju; vanligtvis; ibland; inte; annars; alltid; nästan alltid; ursprungligen; sällan

Exercise 9.1

1 Den; 2 Det; 3 Hon; 4 Han; 5 De; 6 De; 7 Den

Exercise 9.2

1 han; 2 hon; 3 det; 4 De; 5 er; 6 de, mig; 7 vi, dig; 8 vi, henne; 9 vi, er; 10 han, dem, sig

Exercise 9.3

1 mitt finger, min stad, mina pengar, min lägenhet; 2 ditt rum, din arm, dina äpplen, dina tidningar, ditt leende; 3 vår läkare, vårt sovrum, våra vänner, vår skola, vårt språk; 4 ert hemland, er dotter, era hästar, er hund, ert språk

Exercise 9.4

1 dina, ditt; 2 Deras; 3 hans; 4 mitt; 5 hennes; 6 Deras; 7 Vårt; 8 Mina; 9 er, ert; 10 vår, våra; 11 hennes; 12 min; 13 era; 14 vårt, våra; 15 hans, hans

Exercise 9.5

1 hans; 2 din; 3 deras; 4 våra; 5 ert; 6 hennes

Exercise 9.6

1 Vera letar efter sina nycklar. 2 Hunden letar efter sin mat. 3 Mia och Pia letar efter sina skor. 4 Han letar efter sin webbsida. 5 Erik letar efter sina föräldrar. 6 Hon letar

efter sitt hotell. 7 Alla letar efter sin identitet. 8 De letar efter sina pengar. 9 Min son letar efter sin bror.

Exercise 9.7

1 några; 2 något; 3 någon; 4 någon; 5 något, några; 6 Några; 7 någon, något

Exercise 9.8

1 ingen; 2 inga; 3 inget; 4 Ingen; 5 inga; 6 inget, ingen, inga

Exercise 9.9

1 annat; 2 annan; 3 Den andra; 4 andra; 5 den andra; 6 andra

Exercise 9.10

1 I Sverige dricker man mycket kaffe. 2 I stora städer vet man inte alltid vad ens grannar heter. 3 Alla vet att ens egen familj betyder mycket för en. 4 Man måste vara ärlig mot sin familj och sina vänner. 5 Man har lätt för att skada sig när man tränar för mycket.

Exercise 10.1

1 Det här slottet; 2 Den här blomman; 3 Denna dag; 4 Detta tak; 5 Dessa hundar; 6 De där hundarna; 7 Denna månad; 8 De här äpplena; 9 De där gatorna; 10 Dessa dagar

Exercise 10.2

1 Det där tåget går klockan sju. 2 De här tidningarna är från England. 3 Den här tröjan tillhör mig, men den där är din. 4 Denna fråga är inte lätt att besvara. 5 Jag vill aldrig se de där gamla kläderna igen. 6 Dessa exempel visar hur man använder demonstrativa pronomen.

Exercise 10.3

1 Det här; 2 Den här; 3 en sådan; 4 samma; 5 denna; 6 den här; 7 samma; 8 sådana; 9 den där; 10 den där, en sådan

Exercise 11.1

1   Det är nyttigt att äta grönsaker. Att äta grönsaker är nyttigt.
2   Det är inte bra för hälsan att dricka för mycket kaffe. Att dricka för mycket kaffe är inte bra för hälsan.
3   Det kräver mod att hoppa fallskärm. Att hoppa fallskärm kräver mod.
4   Det är tråkigt att vänta på bussen. Att vänta på bussen är tråkigt.
5   Det är allas ansvar att rösta. Att rösta är allas ansvar.
6   Det är omöjligt att leva utan vatten. Att leva utan vatten är omöjligt.
7   Det har blivit billigare att ringa mobilsamtal. Att ringa mobilsamtal har blivit billigare.

Exercise 11.2

1 Du måste hjälpa mig. 2 Han kan inte möta mig ikväll. 3 Hon vill spela fotboll. 4 De ska ta tåget till Köpenhamn. 5 Kan ni komma i morgon? 6 Vi måste försöka spara pengar.

Exercise 11.3

1 Jag tänker flyga till Sverige. 2 Vi försöker prata svenska. 3 Brukar ni äta frukost? 4 Hon börjar bli gammal. 5 Vi slipper diska varje dag. 6 Vågar du resa ensam? 7 Jag orkar inte simma i kväll. 8 Han slutar aldrig spela datorspel.

Exercise 11.4

1 Konserten kommer att börja klockan halv tio. 2 Socialdemokraterna kommer att vinna valet nästa år. 3 Vädret kommer att vara varmt och soligt i morgon. 4 Regeringens planer kommer att kosta flera miljoner kronor. 5 Han kommer att arbeta i Danmark fram till jul.

Exercise 11.5

1 Jag ska klippa gräsmattan. 2 Kungen kommer att tillbringa sommaren på Öland. 3 Mia ska jobba hos sin far. 4 Den kommer att kosta miljontals kronor. 5 Det ska gå om tio minuter. 6 Det kommer att ta cirka tre månader.

Exercise 11.6

Rädda I, Larma I, Använd IIa, Krossa I, Tryck IIb, Ring IIa, Vänta I, Förklara I, Var IV, Varna I, Släck IIb, Utrym IIa, Spring IV, Gå IV, Åk IIb, Stanna I

Exercise 11.7

1 Diska ikväll! 2 Översätt texten åt mig! 3 Var snälla mot min syster! 4 Kör lång-samt, tack! 5 Sy i en knapp på min skjorta! 6 Ta av er skorna, killar! 7 Läs en god-nattsaga för Ebba! 8 Sjung en julsång! 9 Var snäll och byt plats med mig! 10 Sluta med det där nu! 11 Spring till affären innan den stänger! 12 Ge mig tidningen! 13 Håll ut handen! 14 Städa era rum med detsamma! 15 Tala svenska! 16 Drick din medicin! 17 Stanna bilen! 18 Stäng dörren, är du snäll! 19 Ät upp din mat! 20 Säg mig var du bor!

Exercise 12.1

1 Ja, det är jag. 2 Nej, det gör jag inte. 3 Ja, det vill jag. 4 Nej, det gör jag inte. 5 Ja, det måste jag. 6 Nej, det gör jag inte. 7 Nej, det var de inte. 8 Ja, det gör han.

Exercise 12.2

1 Det står en bil på trottoaren. 2 Det sitter ofta studenter på kaféet. 3 Det ligger ett enormt arbete bakom detta. 4 Det kommer också många turister hit. 5 Det går en buss dit fem gånger varje dag. 6 Det finns ingen lösning på problemet.

Exercise 13.1

1 Det är också grönt. 2 De är också fina. 3 De är också mjuka. 4 Det är också tråkigt. 5 Det är också färskt. 6 De är också gula. 7 Den är också förfärlig. 8 Det är också tjusigt. 9 De är också besvärliga. 10 De är också trevliga. 11 Den är också dyr. 12 De är också engelska.

Exercise 13.2

1 Det var ju en rolig historia! 2 De gamla möblerna var mycket bekväma. 3 Gott nytt år! 4 Pocketböcker har blivit ganska billiga i Sverige. 5 Vintrarna var mycket kalla på den tiden. 6 Alla tjejerna är så magra. 7 Vi har tyvärr några dåliga nyheter. 8 Vädret fortsätter vara milt i morgon. 9 De köpte ett litet hus vid sjön. 10 Det är svårt att säga. 11 Hon hade just badat och hennes hår var vått. 12 Framåt kvällen blev vädret rått och kallt.

Exercise 13.3

1 De är också vackra. 2 Det är också milt. 3 Det är också gott. 4 Det är också grått. 5 De är också ledsna. 6 Det är också fruset. 7 De är också nya. 8 De är också onyktra. 9 De är också bjudna. 10 De är också nyfikna. 11 Det är också brett. 12 Det är också sevärt.

Exercise 13.4

1 Trafficking är ett nutida ord för slavhandeln. 2 De var också skojiga. 3 Vi har ett omfattande arbete framför oss. 4 Det är gratis inträde ikväll. 5 Det är en dejtingssajt för medelålders män. 6 Huset han köper är litet.

Exercise 14.1

1 Vintern är lång. 2 Exemplet är svårt. 3 Komikern var inte rolig. 4 Symfonin är tråkig. 5 Vi läser bibeln varje kväll. 6 Doktorn kommer. 7 Systern heter Eva. 8 Professorn är intelligent. 9 Vi lever ju i detta sekel. 10 Cirkeln är rund. 11 Fingret var smutsigt. 12 Mönstret var rutigt. 13 Vi kallar på en tekniker. 14 Datorn krånglar. 15 Bullret kom från källaren.

Exercise 14.2

1	ett knä	knän	knäna
2	ett arbete	arbeten	arbetena
3	ett fönster	fönster	fönstren
4	ett exempel	exempel	exemplen
5	ett rykte	rykten	ryktena
6	en mätare	mätare	mätarna
7	en lärare	lärare	lärarna
8	ett minne	minnen	minnena
9	ett träd	träd	träden
10	ett parti	partier	partierna
11	ett vapen	vapen	vapnen
12	ett ansikte	ansikten	ansiktena
13	ett problem	problem	problemen
14	en sko	skor	skorna
15	en gubbe	gubbar	gubbarna
16	en ö	öar	öarna
17	en indier	indier	indierna
18	ett bibliotek	bibliotek	biblioteken
19	ett möte	möten	mötena
20	ett foto	foton	fotona

Exercise 14.3

1 Nils går i skolan varje dag. 2 Ibland går de på bio i staden. 3 De tittar ofta på teve eller spelar piano. 4 Priserna har stigit 5 procent på ett år. 5 Han fruktade döden och helvetet. 6 På lördagarna spelar vi flöjt. 7 Ska du träffa Ann-Mari på teatern?

8 Konsten är lång men livet är kort. 9 Tillbaka till naturen! 10 Nu måste jag åka till jobbet. 11 Olle Holmberg är professor. 12 Deras lilla flicka har feber. 13 Har ingen i din familj bil? Nej, vi har inte råd med bil. 14 Har ni katt? Nej, jag gillar inte husdjur. 15 Katarina vill bli läkare när hon blir stor. 16 Det är en äldre herre som har skägg och röker pipa. 17 Emeldza äter inte fläsk därför att hon är muslim. 18 I Argentina dansar man tango. 19 Ibland måste man använda gaffel när man äter efterrätt. 20 Vi åker tåg hem till Stockholm.

Exercise 15.1

1 A kommer före B i alfabetet. 2 C kommer efter B i alfabetet. 3 Y kommer mellan X och Z i alfabetet. 4 Vi sitter på våra stolar i rummet och tittar ut genom fönstret. 5 Utanför fönstret sitter en fågel på en gren i ett träd och sjunger.

Exercise 15.2

1 Golvlampan står på golvet. 2 Mattan ligger mitt i rummet. 3 Sängen står till vänster om skrivbordet. 4 Kläderna hänger i garderoben. 5 Klockan hänger på väggen. 6 Böckerna står i/på hyllorna. 7 Stolen står framför skrivbordet. 8 Skrivbordet står mellan sängen och bokhyllan. 9 Papperskorgen står till höger om skrivbordet. 10 Kudden ligger på sängen. 11 Garderoben står bredvid bokhyllan. 12 Skrivbordslampan står bakom dataskärmen.

Exercise 15.3

– Ursäkta mig! Kan du tala om för mig hur jag kommer till biblioteket?
– Javisst! Ta buss nummer 3 från stationen. Den kör mot universitet. Stig av efter tre hållplatser och gå genom parken längs ån och sedan över bron. Då ser du kyrkan framför dig. Sedan kan du gå till höger om kyrkan eller till vänster om kyrkan. Biblioteket ligger precis bakom kyrkan, mellan parkeringsplatsen och ett stort hotell. Ingången är mittemot hotellet. Det finns en stor stadskarta på en skylt under träden utanför parken. Kartan visar bland annat bibliotekets plats. Annars kan du fråga hos frisören som har sin affär bredvid kyrkan. Lycka till!

Exercise 15.4

1 Uppsala ligger norr om Stockholm. 2 Kalmar ligger sydost om Göteborg. 3 Jönköping ligger nordost om Halmstad. 4 Karlskrona ligger öster om Helsingborg. 5 Norrköping och Linköping ligger båda två sydväst om Stockholm. 6 Örebro ligger väster om Stockholm. 7 Malmö ligger söder om Helsingborg. 8 Kiruna ligger nordväst om Luleå.

Exercise 16.1

1 Det kalla ölet är uppfriskande. 2 De färska grönsakerna är bäst. 3 Det vackra landet är också kallt. 4 Den starke killen är snäll. 5 Den gamla damen ville hälsa. 6 Det fula stadshuset ogillade jag. 7 Det muntra sällskapet dansade. 8 Karl XII, den berömde svenske kungen, dog vid Halden. 9 Använde Galileo verkligen det höga tornet i Pisa? 10 Den svenska drottningen avsa sig kronan. 11 Vi tycker om den unga sjuksköterskan. 12 Den enkla meningen var för svår för honom.

Exercise 16.2

1 den där vida kjolen; 2 det där breda skärpet; 3 den där svenska romanen; 4 den där billiga pennan; 5 det där höga skåpet; 6 den där kortfattade grammatiken; 7 de där söta karamellerna; 8 de där bråkiga barnen; 9 de där mogna melonerna; 10 de där svåra problemen

Exercise 16.3

1 Denna korta mening vållade besvär. 2 Peters ovanliga efternamn är franskt. 3 Vi beundrar Faluns underbara läge. 4 Han grundade stadens socialdemokratiska tidning år 1890. 5 De ställde samma dumma frågor i år. 6 Hennes rike farbror köper en Volvo. 7 Stockholms gamla kyrkor är vackra. 8 Dalarnas viktigaste industri är turismen. 9 Nästa vackra helg åker vi ut på landet. 10 Detta milda väder kommer att fortsätta. 11 De klarade inte av lärarens enkla uppgift. 12 Hon sjunger alltid samma melankoliska visa.

Exercise 17.1

1 Den är lägre. 2 Det är grövre. 3 Han/hon är yngre. 4 Den är mera koncentrerad. 5 Den är sämre. 6 Hon är äldre. 7 De är mera energiska. 8 Han/hon är populärare. 9 Den är tyngre. 10 Den är längre. 11 De är mindre. 12 Den är mindre.

Exercise 17.2

1 Det är tyngst på vintern. 2 Den är lägst på vintern. 3 Den är längst på vintern. 4 Den är högst på vintern. 5 Det är sämst på vintern. 6 De är mest spännande på vintern. 7 De är minst på vintern. 8 Den är bäst på vintern. 9 Den är mest kritisk på vintern. 10 De är flest på vintern.

Exercise 17.3

1 billigast; 2 intelligentast; 3 sämst; 4 längst; 5 högst; 6 dyrast; 7 mest förvånande; 8 mest kritiskt; 9 minst; 10 modernast

Exercise 17.4

1 den sämsta filmen; 2 De äldsta professorerna; 3 den vackraste junikvällen; 4 de längsta tv-programmen; 5 de största problemen; 6 Det lägsta priset; 7 den mest älskade kungen; 8 de längsta killarna; 9 den minsta lönen; 10 det högsta berget; 11 den mest glädjande nyheten; 12 det mest typiska symtomet

Exercise 18.1

1 Rebecka vill visa att hon inte bryr sig om det. 2 Jag undrar om hon talar svenska. 3 Eftersom Ingvars mamma är engelska, är språket inget problem. 4 När man är över 60, är det svårare att skaffa arbete. 5 Vi vill inte gå på festen, därför att vi är trötta. 6 Hon pratar med en ung man som är arkitekt. 7 Det är jobbigt att cykla när det är mörkt. 8 Innan du säger något, vill jag ställa en fråga. 9 Medan ni är i Stockholm, kan ni besöka Vasamuseet. 10 Peter är professor fastän han inte har publicerat särskilt mycket. 11 Jag föreslår detta vid mötet ifall du inte har något emot det. 12 Sedan vi var barn, har vi alltid haft semester i juli.

Exercise 18.2

1 Hon säger att hon tänker gifta sig med honom. 2 Chefen undrar om vi möjligen kan börja jobba redan nästa vecka. 3 Numera tycker många att världen inte ska ha kärnvapen. 4 Han får gå fri därför att han är oskyldig till brottet. 5 Flyktingar måste börja om när de äntligen kommer till ett nytt land.

Exercise 18.3

1 Vi tar en promenad även om det snöar. 2 Medan han är i Stockholm brukar han besöka Vasamuseet. 3 Eftersom hon är så duktig på att springa, klarar hon nog av maraton också. 4 Hon kommer till arbetet trots att hon är sjuk. 5 Man ska tänka noga innan man bestämmer sig. 6 När jag var ung, var jag ofta förkyld. 7 Hon ber om pengar därför att/eftersom hon behöver köpa mat åt barnen. 8 Den gamla stugan är mycket pittoresk, fast ingen vill bo där.

Exercise 18.4

1 De säger att de ska vara här om några minuter. 2 Det är i Solna som jag brukar träffa Uno. 3 Han läser en bok som jag också gillar. 4 Han är så arg att han skakar. 5 Efter ett par år är han så framgångsrik att han blir miljonär.

Exercise 19.1

Infinitive	Present	Past	Supine
fråga	frågar	frågade	frågat
börja	börjar	började	börjat
tala	talar	talade	talat
kosta	kostar	kostade	kostat
räkna	räknar	räknade	räknat
spela	spelar	spelade	spelat
jobba	jobbar	jobbade	jobbat
lämna	lämnar	lämnade	lämnat
vänta	väntar	väntade	väntat
öppna	öppnar	öppnade	öppnat
fika	fikar	fikade	fikat
hävda	hävdar	hävdade	hävdat

Exercise 19.2

Infinitive	Present	Past	Supine
ringa	ringer	ringde	ringt
stänga	stänger	stängde	stängt
leka	leker	lekte	lekt
åka	åker	åkte	åkt
bygga	bygger	byggde	byggt
köpa	köper	köpte	köpt
leva	lever	levde	levt
vända	vänder	vände	vänt
frysa	fryser	fryste	fryst
byta	byter	bytte	bytt

Exercise 19.3

Infinitive	Present	Past	Supine
ske	sker	skedde	skett
bo	bor	bodde	bott
avsky	avskyr	avskydde	avskytt
nå	når	nådde	nått
bero	beror	berodde	berott
fly	flyr	flydde	flytt
så	sår	sådde	sått
strö	strör	strödde	strött

Exercise 19.4

När vi reste till Sverige mötte vi många människor som talade engelska. Vi trodde att det berodde på att svenskarna tyckte att de pratade bra engelska. Vi frågade dem om de använde engelska för att imponera på oss, men då skrattade de bara. Vi försökte tala svenska förstås men det hjälpte inte. Det verkade som om alla som vi träffade läste böcker på engelska eller tittade på engelskspråkiga filmer. Vi upprepade att vi behövde övning i svenska. Vi påminde våra nya vänner men de glömde hela tiden. Lyckligtvis bodde vi i Stockholm hela sommaren och hörde mycket svenska på radion och ute på gatorna, så vi lärde oss en hel del ändå. Men när vi återvände hem mejlade och ringde våra nya vänner till oss på engelska. Vi svarade på svenska men det skedde ingen förändring. Svenskarna älskade att visa sina kunskaper i engelska.

Exercise 19.5

1 Elin har inte städat lägenheten.

2 Elin har inte slängt soporna.

3 Elin har betalat hyran.

4 Elin har inte tömt kylskåpet.

5 Elin har mejlat hotellet.

6 Elin har inte ringt föräldrarna.

7 Elin har vattnat blommorna.

8 Elin har inte sytt i en knapp på kappan.

9 Elin har köpt tågbiljetten.

10 Elin har inte packat väskan.

11 Elin har bytt sängkläder.

12 Elin har inte stängt av datorn.

Exercise 20.1

Infinitive	Present	Past	Supine
driva	driver	drev	drivit
gripa	griper	grep	gripit
riva	river	rev	rivit
skina	skiner	sken	skinit
skrika	skriker	skrek	skrikit
stiga	stiger	steg	stigit
lida	lider	led	lidit

Exercise 20.2

Infinitive	Present	Past	Supine
bjuda	bjuder	bjöd	bjudit
ljuga	ljuger	ljög	ljugit
sjunga	sjunger	sjöng	sjungit
frysa	fryser	frös	frusit

Exercise 20.3

Infinitive	Present	Past	Supine
binda	binder	band	bundit
brinna	brinner	brann	brunnit
finna	finner	fann	funnit
springa	springer	sprang	sprungit
sitta	sitter	satt	suttit
vinna	vinner	vann	vunnit

Exercise 20.4

Infinitive	Present	Past	Supine
dra	drar	drog	dragit
föredra	föredrar	föredrog	föredragit
anta	antar	antog	antagit

Exercise 20.5

Infinitive	Present	Past	Supine
bära	bär	bar	burit
skära	skär	skar	skurit
svälta	svälter	svalt	svultit

Exercise 20.6

1   Elin skrev att solen sken alla dagar under semestern. Elin steg upp tidigt varje
    dag och red på sin häst på stranden. Men hon skrev också att måsarna skrek på
    morgonen och att myggorna bet på kvällen.
2   Temperaturen sjönk vid julen och vattnet frös. Stora isflak flöt på havet.
    Många fåglar flög till varmare länder. Men jag njöt av julstämningen och bjöd
    några vänner hem till mig där vi sjöng julsånger.

3   Veden brann i kaminen medan jag satt och drack te. Just för ögonblicket slapp
    jag jobba, så jag fann en bra cd att lyssna på och försvann in i drömmarnas
    värld. Jag hann lyssna länge innan drömmarna sprack.
4   Det tog lång tid att segla till Australien. Jag föredrog att flyga och jag antog att
    mina reskamrater föredrog det också. Men flygresan bidrog tyvärr till global
    uppvärmning.
5   I vissa länder svalt många fattiga människor. Andra bar vatten lång väg varje
    dag för att överleva. Den rika världen stal resurser från de fattiga. Ändå skar vi
    ner på vår hjälp till de länderna.

Exercise 20.7

1   skrivit, skinit, stigit, ridit, skrivit, skrikit, bitit
2   sjunkit, frusit, flutit, flugit, njutit, bjudit, sjungit
3   brunnit, suttit, druckit, sluppit, funnit, försvunnit, hunnit, spruckit
4   tagit, föredragit, antagit, föredragit, bidragit
5   svultit, burit, stulit, skurit

Exercise 20.8

Across: 1 föll; 4 slagits; 7 svär; 8 svor; 9 hållit; 11 slog; 12 ätit
Down: 2 låg; 3 åt; 4 sov; 5 sovit; 6 varit; 10 legat

Exercise 21.1

	Adjective	Adverb
Det blir nog ett *snabbt* slut.	☑	☐
Det gick *snabbt*.	☐	☑
De har skapat ett *snyggt* hem.	☑	☐
Du dansar *väldigt* snyggt.	☐	☑
Det är helt *naturligt*.	☑	☐
Politikern talar inte *naturligt*.	☐	☑
Det var inte *oväntat*.	☑	☐
Han kom helt *oväntat*.	☐	☑
Det blev inget *lyckligt* slut.	☑	☐
Han är *lyckligt* gift.	☐	☑

Exercise 21.2

aldrig – alltid; nu – då; sent – tidigt; snabbt – långsamt; dåligt – bra

Exercise 21.3

Jag har väntat länge på bussen. Bussen kommer oftast i tid men den är mycket försenad i dag. Tyvärr har det regnat och jag har blivit väldigt blöt. Jag vill gärna gå hem igen, men bussen kanske kommer snart. Jag väntar bara fem minuter till.

Exercise 21.4

1 Det var ett <u>otroligt</u> vackert rum.
2 Hon målade rummet <u>mycket</u> <u>snabbt</u>.
3 Är det möjligt för dig att komma?
4 Kan du <u>möjligen</u> komma hit?
5 <u>Naturligtvis</u> kommer jag så <u>fort</u> jag kan.
6 Jag har <u>aldrig</u> sett henne så <u>oerhört</u> glad.
7 Han är <u>mycket</u> intelligent, men <u>inte</u> <u>särskilt</u> trevlig.
8 De pratade <u>länge</u> om <u>ganska</u> många saker.
9 Svaret var rätt.
10 Han svarade <u>aldrig</u> <u>rätt</u>.

Exercise 22.1

1 Vart är han på väg?	Han är på väg hem.
2 Varifrån kommer han?	Han kommer hemifrån.
3 Var är han nu?	Han är hemma.
4 Vart åker han?	Han åker bort.
5 Var kommer han ifrån?	Han kommer därifrån.
6 Var finns pengarna?	Pengarna finns inne i skåpet.
7 Var bor du?	Jag bor där.
8 Vart går han?	Han går upp till toppen.
9 Är vi snart framme?	Vi kommer fram om en timme.
10 Är chefen inne?	Nej, han har gått ut.

Exercise 22.2

1 Vart; 2 där; 3 dit; 4 var; 5 där; 6 var; 7 vart; 8 Var; 9 där; 10 dit

Exercise 23.1

1 Henrik sa att han inte ville dricka te i kväll. 2 Jag undrar om Pelle ofta byter strumpor. 3 Vi tror att hon aldrig har älskat en annan människa. 4 Jag undrar om Nils faktiskt har besökt Island. 5 Jag tvivlar på att det egentligen var läkarens fel. 6 Jag undrar om ni möjligen kan säga var stationen ligger. 7 Hon tycker att det verkligen är kul att ligga här i solen. 8 Chefen säger att han genast ska sätta igång med arbetet.

Exercise 23.2

1 Läkare brukar inte längre göra hembesök. 2 De undrade om vi genast ville åka dit. 3 Vi har faktiskt inga pengar förrän vid veckoslutet. 4 Jag frågade honom varför han aldrig hade ringt oss. 5 Eftersom vi ofta var där på besök kände vi honom väl. 6 Drick aldrig sprit när du kör bil! 7 Eftersom de alltid var borta över sommaren träffades vi aldrig. 8 Han bestämde sig därför för att gå i pension.

Exercise 23.3

1 Det var min moster Karin som jag hälsade på i går.
2 Vi har en sommarstuga där vi bor på semestern.
3 Det stora huset som de hade i stan var mycket bekvämt.
4 Presenterna som vi brukade få vid jul var oftast enkla.
5 I salongen där hela familjen satt, var det fin stämning.
6 Syskonen, som bor långt ifrån varandra, ringer varje dag.

Exercise 23.4

Häst passar inte därför att det inte är ett fordon.
Apelsin passar inte därför att det inte är en färg.
Gata passar inte därför att det inte är ett verb.
Sång passar inte därför att det inte är en möbel.
Ros passar inte därför att det inte är ett djur.
Invånare passar inte därför att det inte är ett yrke.
Tallrik passar inte därför att det inte är något som man har i garderoben.
Gräs passar inte därför att det inte är något som går att äta.
Smör passar inte därför att det inte är grönt.
Kanadensiska passar inte därför att det inte är ett språk.

Exercise 24.1

1 Det har aldrig funnits så många hemska vapen. 2 Jag hade hoppats kunna resa bort över helgen. 3 Minns du hur vi träffades första gången? 4 Det tycks inte bli någon lektion i dag. 5 Det fanns ingen där när jag kom dit. 6 Sedan syntes ett skepp vid horisonten. 7 Vi umgicks med familjen för några år sedan. 8 Nu har han äntligen lyckats med sin uppgift. 9 I dag skäms han för sina misstag. 10 Han låtsades sova när hon kom in.

Exercise 24.2

1 Brevet skickas av sekreteraren i morgon. 2 Vi bjuds på middag av grannarna. 3 Matpaket sändes till fångarna av kyrkans medlemmar. 4 Gisslan dödades inte av terroristerna. 5 Dörrarna stängdes av konduktören. 6 Operan grundades av Gustav III. 7 Den där romanen läses av tusentals svenskar. 8 Ingenting hörs för bullrets skull. 9 En lång man i fyrtioårsåldern söks av polisen. 10 Slottet har sålts av familjen. 11 Den långe mannen har gripits av polisen. 12 Världsmästaren har slagits av en okänd. 13 Hon kramas hårt av mamman. 14 Håret ska klippas oftare. 15 Branden släcktes av brandkåren på en kvart. 16 Florsocker strös på kakan. 17 Europeiska språkdagen firas den 26 september. 18 Tvättmaskinen används av alla i huset.

Exercise 25.1

1 sjöfågel; 2 skolflicka; 3 trädgårdsmästare; 4 läkarmottagning; 5 lampskärm

Exercise 25.2

1 arbete + ledare; 2 svenska + lärare; 3 hand + duk; 4 järn + väg + korsning; 5 skola + bok + förlag

Exercise 25.3

(a) Statens järnvägar; Utrikesdepartementet; Olympiska spelen; motorcykel; verkställande direktör; med flera; till och med; praktisk arbetslivsorientering; Svenska tonsättares internationella musikbyrå.
(b) bio; blyerts; chark; flextid; livs; moms; rea

GLOSSARY OF GRAMMATICAL TERMS

adverbial (see **clausal adverbial, other adverbial**)

agent is the person or thing carrying out the action. In a passive construction, it is realised through an **av** phrase, e.g. **Bilen kördes** *av kommissarien* 'The car was driven by the inspector'.

agreement is a way of showing that two grammatical units have a certain feature in common, e.g. *mina* **hundar** 'my dogs' (plural); **slott***et* **är stor***t* 'the castle is big' (neuter).

attributive is used to describe adjectives that precede the noun and modify it, e.g. **ett** *stort* **hus** 'a big house'.

clausal adverbial denotes an adverb modifying the sense of the clause as a whole, e.g. **Han är** *inte* **dum** 'He's not stupid'; **De är** *aldrig* **lata** 'They are never lazy'; **Studenterna är** *förmodligen* **intelligenta** 'The students are presumably intelligent'.

clause is a group of words that usually consists of at least a finite verb and a subject (though the subject may be understood, as in most imperative clauses, e.g. **Skjut inte budbäraren!** 'Don't shoot the messenger!'). There are two major types of clause: main clauses (MCs) and subordinate clauses (SCs), e.g. **Middagen stod på bordet** (MC), **när jag kom hem** (SC) 'The dinner was on the table when I got home' (cf. **sentence**).

complement expresses a meaning that adds to (or complements) that of the subject or object. It can either be an adjective phrase or a noun phrase, e.g. **Olle och Sven är** *intelligenta.* **De är** *studenter.* 'Olle and Sven are intelligent. They are students'.

conjugation denotes the way a verb is inflected, its pattern of endings, and also the different groups of verbs that share the same endings, e.g. past tenses in: Conj. I **kalla–de** 'call – called'; Conj. IIb **köp–te** 'buy – bought'; Conj. III **bo–dde** 'live – lived'.

count noun is a noun that describes an individual countable entity, and therefore usually possesses a plural form, e.g. **bok – böcker** 'book – books'; **ägg – ägg** 'egg – eggs'; **pokje – pojkar** 'boy – boys', etc.

declension denotes the different ways to inflect the noun in the plural, e.g. **flick***or*, **pojk***ar*, **park***er*, **äppl***en*, **män**, **bestsellers** (girls, boys, parks, apples, men, best-sellers). It is also used to describe adjective + noun constructions such as the indefinite declension of the adjective, e.g. **ett sådant dumt misstag** 'a silly mistake like that', or the definite declension of the adjective, e.g. **den lilla bilen** 'the little car'.

159

definite refers to a previously mentioned entity, e.g. *Tjuven* **har stulit klockan** 'The thief has stolen the clock'. The indefinite refers to a new entity, e.g. *En tjuv* **har stulit klockan** 'A thief has stolen the clock'.

finite verb is a verb whose form shows tense, mood or voice (active/passive) (cf. **non-finite verb**).

formal subject in Swedish is **det**, which corresponds in English to either 'it' or 'there'. It is inserted before the verb in clauses where the real subject is postponed, e.g. *Det* (FS) **sitter en gubbe** (RS) **därborta** 'There's an old man sitting over there'.

fronting is moving an element to the beginning of the sentence, e.g. **Vi älskar** *rödvin* 'We love red wine'; *Rödvin* **älskar vi** 'Red wine we love'.

gender can be by sex: **killen – han** 'the boy – he'; **tjejen – hon** 'the girl – she', or grammatical gender: **en stuga, ett hus, ett barn** 'a cottage, a house, a child'.

idiomatic expression is one that is not understandable from its parts: **Här ligger en hund begraven** *Lit.* There is a dog buried here = There is something suspicious about this. Compare the English idiom: I smell a rat.

imperative is the mood of the verb expressing command, warning or instruction, e.g. **Kom!** 'Come on!'; **Rör om!** 'Stir!'

impersonal constructions do not involve a person, but usually the impersonal pronoun **det**, e.g. **Det snöar** 'It's snowing'.

indeclinable describes a word that does not inflect, e.g. the adjectives **bra** 'good'; **utrikes** 'foreign'; **öde** 'deserted', which take no endings for neuter or plural.

indefinite (Cf. **definite**.)

inflect means to change form by modifying an ending, e.g. the verb **skriva** (write) inflects **skriv, skriva, skriver, skrev, skrivit, skriven**; the noun **bil, bilen, bilar, bilarna, bilarnas**; the adjective **rolig, roligt, roliga**, etc.

interrogative means question, e.g. an interrogative pronoun asks a question: **Vem var det?** 'Who was that?'; **Varför kom du hit?** 'Why did you come here?'

inverted word order denotes verb–subject order, e.g. **I dag åker vi** 'Today we leave'.

main clause is a clause that can form a complete sentence standing alone with a subject and a finite verb, e.g. **Hon gick till dörren** 'She went to the door'.

non-finite verb is a verb form not showing tense or mood, namely infinitives, supines and participles.

number is a collective term for singular and (usually marked by an ending) plural, e.g. **en penna** 'one/a pen'; **två pennor** 'two pens'.

object refers to a person or thing affected by the action of a (transitive) verb, e.g. **Pojken slog** *bollen/sin syster* 'The boy hit the ball/his sister'.

other adverbial (or sentence adverbial) is usually an adverb, noun phrase or subordinate clause denoting manner, place, time or condition, e.g. **Han åker** *med tåg* (manner) *till Stockholm* (place) *i morgon* (time) *om han har tid* (condition) 'He will travel by train to Stockholm tomorrow if he has time'.

predicative(ly) indicates that an element is found after the verb.

real subject is the postponed subject, e.g. **Det är roligt** *att ha semester* 'It's nice to take a holiday' (see **formal subject**).

reflexive applies to both pronouns and verbs. Reflexive pronouns refer to the subject in the same clause. They have a distinct form in the third person, e.g. **Han har rakat** *sig* 'He has shaved (himself)'. Many reflexive verbs in Swedish are not reflexive in English, e.g. **Sköldpaddor** *rör sig* **långsamt** 'Tortoises move slowly'.

sentence is a group of words that contains a complete meaning and consists of one or more clauses (cf. **clause**). Thus, the following three examples are all sentences: **Titta där!** 'Look there!'; **Hon tar bussen, när det regnar** 'She takes the bus when it rains'; **Om du tror, att jag kan komma ihåg, vad han sa, när vi besökte honom förra veckan, har du fel** 'If you think that I can remember what he said when we visited him last week, you're wrong'.

statement is a declarative sentence or clause ending with a full stop, e.g. **Numera finns det många vargar i Sverige** 'Nowadays there are many wolves in Sweden'.

stem is the part of the verb common to all of its forms and to which the inflexional endings are added, e.g. *dansa*, *dansar*, *dansade*, *dansat* 'dance, dances, danced, danced'.

subordinate clause (sub clause), often introduced by a conjunction, forms part of a main clause, e.g. *När polisen ringde på*, **gick hon till dörren** 'When the police rang the bell, she went to the door'.

supine is an indeclinable form of the verb used together with the auxiliary verb **har/hade** (has/had) to form the perfect and pluperfect tense, e.g. **Jag har/hade målat badrummet** 'I have/had painted the bathroom'.

syllable consists of a vowel plus one or more consonants, e.g. **ö, dö, rör, röst, in–dust–ri–ar–be–ta–re**.

v-question is a question beginning with a v-word, e.g. **vad, vem, vilken, var, varför** plus **hur** and **när**, e.g. **Vad gör du?** 'What are you saying?'

voiced indicates a consonant produced with vibration of the larynx, e.g. **b, d, g, v, m, n, r, l**.

voiceless indicates a consonant produced without vibrating the larynx, e.g. **p, t, k, f, s, z**.

VOCABULARY LIST

Arabic numerals 1–7 indicate noun declensions (see Unit 6).

Roman numerals I–III indicate verb conjugations (see Unit 19).

Conjugation IV verbs are listed with their infinitive, present and past tense forms.

1900-tal –et, twentieth century
30-åriga kriget, the Thirty Years War
90-tal –et, the '90s
abdikera I, abdicate
adaptera I, adapt
adjektiv 6, adjective
adress 3, address
affär 3, shop
aktie 3, share
aktiv, active
album 6, album
aldrig, never
alfabet 6, alphabet
all, allt, alla, all
alla, everyone
alldeles, completely
allesammans, everyone
alliera I, ally
allmän helgdag 2, public holiday
allt, everything
alltid, always
allting, everything
ambulans 3, ambulance
Amerika, America
amerikansk, American
andel 2, proportion
andra, other
anfall 6, attack

ange/ –r angav, state
aning 2, suspicion
ankomst 3, arrival
annan, annat, andra, other
annars, otherwise
annektera I, annex
ansikte 5, face
ansvar 6, responsibility
anta/ –r antog, assume
antagligen, presumably
antal 6, number
använd/a IIa, use
arbeta I, work
arbetarrörelse 4, labour movement
arbete 5, work, job
arbetslöshet –en, unemployment
arg, angry
argentinsk, Argentinian
arm 2, arm
armé 3, army
arrest 3, arrest
art 3, species
arvrike 5, hereditary kingdom
ask 2, box
assiett 3, side plate
att, that
Australien, Australia
avgörande, decisive
avsky III, detest

avsäg/a –er avsa, renounce
bada I, bathe, swim
bagare 6, baker
baka I, bake
bakelse 4, pastry
bakom, behind
banan 3, banana
bankkonto 5, bank account
bara, only, just
barn 6, child
barnbarn 6, grandchild
barnvakt 3, babysitter
be/ –r bad, request, ask
befolkad, populated
befolkning 2, population
befälhavare 6, commander
begagnad, used
begränsa I, limit
begåvad, gifted
behov 6, need
behåll/a –er behöll, keep
behöva IIa, need
bekväm, comfortable
bemötande 5, reception
bensin –en, petrol
bereda IIa, prepare
berg 6, mountain, rock
bero III, depend
berättelse 4, story
berömd, famous
beröva I, deprive of
besegra I, defeat
beslut 6, decision
besluta I, decide
besparing 2, saving
bestå/ –r bestod, consist
bestämma sig IIa, decide
besvara I, answer, respond
besvär –et, inconvenience
besvärlig, troublesome
besöka IIb, visit
betala I, pay
bete III, behave, act
betesmark 3, pasture
betyda IIa, mean
betydelse 4, meaning

betyg 6, mark, grade
beundra I, admire
bevara I, protect, save
bibel 2, bible
bibliotek 6, library
bidra/ –r bidrog, contribute
biff 2, beef, steak
bil 2, car
bild 3, picture
bilda I, create, form
bildsten 2, picture stone
billig, cheap
bind/a –er band, tie
bio 4, cinema
biograf 3, cinema
bit/a –er bet, bite
biträde 5, assistant
bjud/a –er bjöd, offer, invite
bjuden, invited
blad 6, leaf
bland, among
bland annat, inter alia
blandning 2, mixture
bli/ –r blev, be, become
blind, blind
blixtlås 6, zip
blomma 1, flower
blomsterkrans 2, wreath of flowers
blus 2, blouse
blyertspenna 1, ballpoint pen
blå, blue
blåbärssoppa 1, bilberry soup
blåsa IIb, blow
blöt, wet
bo III, live
bohemisk, bohemian
bok –en böcker, book
bokhylla 1, bookshelf
bokstav –en bokstäver, letter (of
the alphabet)
boll 2, ball
bonde –n bönder, farmer, peasant
bondebefolkning 2, peasant
population
bondeuppror 6, peasant revolt
bord 6, table

bort, borta, away
bortbjuden, invited out
bosätt/a –er bosatte, settle
botaniker 6, botanist
bra, good, well
brand –en bränder, fire
brandkår 2, fire brigade
brandlarm 6, fire alarm
bre III, spread
bred, broad
bredvid, beside
brev 6, letter
brinn/a –er brann, burn
bro 2, bridge
bro(de)r –n bröder, brother
bronsålder –n, Bronze Age
brott 6, crime
brukar I, usually (do)
bry sig III, bother, care
bryt/a –er bröt, break
brytning 2, break
bråkig, unruly
bröd 6, bread
bröllop 6, wedding
bröst 6, breast, chest
bulle 2, bun
buller, bullret, noise
buske 2, bush
buss 2, bus
butik 3, shop
by 2, village
bygga IIa, build
byggnad 3, building
byrå 3, bureau
byta IIb, (ex)change
byxor –na, trousers
båda, both
båt 2, boat
bär 6, berry
bär/a bär bar, carry
bärnsten –en, amber
bäst, best
bättre, better
böja IIa, bend, inflect
bör, should
börja I, begin

börja om I, restart
början (en), beginning
centralisera I, centralise
centrum 6, centre
charkuterier, cooked meats
chef 3, boss, chef
cigarett 3, cigarette
cirka, approximately
cirkel 2, circle
citron 3, lemon
cykel 2, bike
cykla I, cycle
dag 2, day
dagis 6, nursery
dam 3, lady
dammsuga I, hoover, vacuum
Danmark, Denmark
dansa I, dance
datera sig I, date
dator 3, computer
datorspel 6, computer game
de där, those
de här, these
debutera I, make one's debut
definitivt, definitely
del 2, part
dela I, share
demokrati 3, democracy
demokratisk, democratic
den där, det där, that
den här, det här, this
denna, detta, this
deras, their, theirs
dess, its
dessa, these
dessutom, what is more
det vill säga, i.e.
detalj 3, detail
dialekt 3, dialect
diftong 3, diphthong
dike 5, ditch
din, ditt, dina, your(s)
disk 3, counter, disc
diska I, wash up
diskmaskin 3, dishwasher
diskriminerande, discriminatory

djur 6, animal
doktor 3, doctor
dotter –n döttrar, daughter
dra/ –r drog, pull
drama –t dramer, drama
drick/a –er drack, drank
driv/a –er drev, drive, drift
drottning 2, queen
druva 1, grape
dryck 3, drink
dröm 2, dream
dubbelmonarki 3, double monarchy
duktig, clever, good
dum, stupid
duscha I, shower
dygn 6, day (24 hours)
dynamit –en, dynamite
dyr, expensive, dear
dyrbar, expensive, costly
dyrka I, cultivate
då, then, as
dålig, bad
dåligt, badly
däggdjur 6, mammal
där, there, where
därefter, after that
däremot, on the other hand
därför att, because
därför, therefore
dö/ –r dog, die
död, dead
döda I, kill
dörr 2, door
efter, after
efternamn 6, surname
efterrätt 3, dessert
eftersom, because, as
efterträdare 6, successor
efteråt, afterwards
egen eget egna, own
egendom 2, property
egentligen, really
ek 2, oak
ekonomisk, financial, economic
eld 2, fire

elektricitet –en, electricity
elektriker 6, electrician
emigrant 3, emigrant
emot, against, towards
ena I, unite
enas I, be united
energisk, energetic
engelsk, English
engelska –n, English (language)
engelsman –nen engelsmän, Englishman
engångsemballage, single-use pack
enkel, simple, single
enorm, enormous
ens, in agreement
ensam, alone, lonely
ense, agreed
envisas I, be stubborn
epok 3, epoch, era
er, ert, era, your(s)
erbjud/a –er erbjöd, offer
ersätt/a –er ersatt, replace
erövra I, conquer
Estland, Estonia
euro 6, euro (currency)
Europa, Europe
europeisk, European
exempel 6, example
exil 3, exile
export 3, export
fabrik 3, factory
faktiskt, actually
faktum –et fakta, fact
fall/a faller föll, fall
fallen fallet fallna, fallen
fallskärm 6, parachute
familj 3, family
fan 7, fan
fa(de)r –n fäder, father
far/a far for, travel
farbro(de)r –n farbröder, uncle
farfar farfadern farfäder, grandfather
farlig, dangerous
fast, although
fastland –et, mainland

fatta I, grasp
fattig, poor
fattigdom –en, poverty
favorit 3, favourite
feber –n, high temperature
fejd 3, revolt
fel 6, fault, mistake
felaktigt, incorrectly
fest 3, party
fiende 4, enemy
figur 3, character
figurera I, figure, feature
fik 6, café, coffee break
film 3, film
filmstjärna 1, film star
fin, fine
finger fingret fingrar, finger
Finland, Finland
finn/a –er fann, find
finnas finns fanns, be, exist
finsk, Finnish
finska –n, Finnish (language)
fira I, celebrate
firma 1, firm
fisk 2, fish
fiska I, fish
fjäll 6, mountain, fell
fjärd 2, narrow coastal inlet
fjärde, fourth
flagga 1, flag
flera, several, more
flexibel arbetstid, flexible working hours
flicka 1, girl
flod 3, river
florsocker florsockret, icing sugar
fly III, flee
flyg/a –er flög, fly
flygplan 6, aeroplane
flygresa 1, flight
flyt/a –er flöt, float
flytta I, move
fläsk –et, pork
flöjt 3, flute
folk 6, people
folkhögskola 1, folk high school

form 3, shape
fornlämning 2, ancient monument
forskning 2, research
fort, quick(ly)
fortfarande, still
fortsätt/a –er fortsatte, continue
fortsättningsvis, from now on
fosforfri, phosphorous-free
fot –en fötter, foot
fotboll –en, football
foto 5, photo
framför, in front of
framgångsrik, successful
framåt, forwards
Frankrike, France
fransk, French
franska –n, French (language)
fransman –nen fransmän, Frenchman
fredag 2, Friday
fri, free
fridlyst, protected
frikänna IIa, liberate
friluftsliv 6, outdoor life
frimärke 5, postage stamp
frisk, healthy, fresh
frisör 3, hairdresser
frivillig, optional
fru 2, wife
frukost 2, breakfast
frukta I, fear
fruktansvärt, terribly
frus/en –na, frozen
frys/a –er –frös, freeze (itr)
frysa IIb, freeze (tr)
fråga 1, question
fråga I, ask a question
från, from
främmande, foreign, strange
frö 5, seed
ful, ugly
full, full, drunk
fungera I, function, work
furste 2, prince
fyllning 2, filling
fyrmästare 6, lighthouse keeper

få/ –r fick, get, be able, be allowed
fågel –n fåglar, bird
fågelunge 2, chick
fågelägg 6, bird's egg
fånge 2, prisoner
fåravel –n, sheep rearing
fåtölj 3, armchair
fängelse 4, prison
färg 3, colour
färggrann, colourful
färsk, fresh
föda/s födas föddes, be born
född, born
följa IIa, follow
följa med IIa, accompany
följd 3, result
fönster 6, window
för sent, (too) late
för tillfället, for the moment
för ... sedan, ago
för någons skull, for someone's sake
föra IIa, lead
förare 6, driver
förbereda IIa, prepare
förbi, past
förbindelse 4, link, connection
förbättra I, improve
förbättring 2, improvement
före, before
föredra/ –r föredrog, prefer
förenad, united
förening 2, association
föreslå/ –r föreslog, suggest
föreställa IIa, depict
författare 6, author
förfärlig, awful
förhållande 5, circumstance
förklara, explain
(vara) förkyld, have a cold
förlora I, lose
förmodligen, presumably
förmå III, be able to
förmögenhet 3, fortune
förorsaka I, cause
förr, before

förrän, before
försenad, delayed
försiktig, careful
förskola 1, nursery
förskräcklig, terrible
förslag 6, suggestion
först, first, only
förstå/ –r förstod, understand
förstöra IIa, destroy
försvara I, defend
frivillig, voluntary
försvinn/a –er försvann, disappear
försäkringsbolag 6, insurance company
försök 6, attempt
försöka IIb, try
förtjusande, delightful
förtöja IIa, moor
förvaltning 2, administration
förvara I, preserve
förvånande, surprising
förvånansvärt, surprisingly
förvärva I, acquire
förälder 2, parent
förändring 2, change
gaffel 2, fork
gallisk, Gallic
gammal, old
ganska, rather, quite
garanterad, guaranteed
garderob 3, wardrobe
gas 3, gas
gata 1, street
ge/ –r gav, give
genast, immediately
genetik –en, genetics
geni 3, genius
genitivapostrof –en, genitive apostrophe
genom, through
genomsnitt 6, average
gift, married
gift/a –er –e sig, get married
gilla I, like
gisslan 6, hostage
gitarr 3, guitar

givetvis, of course
glad, happy
glas 6, glass
glest, sparsely
global, global
glädj/a gläder gladde, please
glädjande, pleasing
glömma IIa, forget
god, good
godnattsaga 1, bedtime story
golv 6, floor
golvlampa 1, standard lamp
grabb 2, lad, boy
grammatik –en, grammar
granne 2, neighbour
gratis, free
grav 2, grave
gravhög 2, burial mound
gravplats 3, gravesite
gren 2, branch
grip/a –er grep, seize
grotta 1, cave
grov, coarse
grunda I, found
grundskola 1, compulsory school
grupp 3, group
grå, grey
gråbrun, grey-brown
gråt/a –er –grät, cry
gräddfil –en, soured cream
gräns 3, frontier
gräs –et, grass
gräslök –en, chives
gröda 1, crop
grön, green
grönsak 3, vegetables
gröt –en, porridge
gubbe 6, old man
gul, yellow
gumma 1, old woman
gurka 1, cucumber, gherkin
gymnasieskola 1, upper secondary
school
gymnasium 3, upper secondary
school
gå/ –r gick, go, walk, leave

gå/ –r gick med, accompany
gående 6, pedestrian
gång 3, time, gait
gås –en gäss, goose
gärna, by all means
gäst 3, guest
gör/a gör gjorde, do, make
göteborgare 6, Gothenburger
ha/ –r hade, have
ha fel, be wrong
ha ledigt, be on vacation
haka 1, chin
halvö 2, peninsula
hammare 6, hammer
hamn 2, harbour
hand –en händer, hand
handel –n, trade
handelsman, trader
handelsplats 3, trading station
handjur 6, male animal
handla I, trade, shop
handling 2, action
handske 2, glove
hans, his
hantverk 6, craft
hare 2, hare
hassel –n, hazel (tree)
hastighet 3, speed
hav 6, ocean
hedning 2, heathen
hejda, stop
hela, all, the whole
helg 3, weekend, holiday
helgdag 2, public holiday
helgon 6, saint
heliga tre konungar, Three Wise
Men
helt, completely
helt och hållet, exclusively
helvete –t, hell
hem 6, home
hembakad, home-baked
hembesök 6, home visit
hemland 6, homeland
hemma, at home
hemsk, horrible

hen, he or she (gender neutral)
hennes, her
herre 2, master
het/a –er hette, be called
himmel 2, heaven, sky
hinn/a –er hann, have time
hiss 2, lift
historia 3, history, story
hit, here
hjortdjur 6, deer
hjortronsylt –en, cloudberry
preserve
hjälpa IIb, help
hopp 6, hope
hoppa I, jump
hoppas I, hope
horisont 3, horizon
horn 6, horn
hos, at
hotell 6, hotel
hotellrum 6, hotel room
hund 2, dog
hundralapp 2, 100-kronor note
hundratals, hundreds (of)
hungrig, hungry
hur dags?, what time?
hur länge?, how long?
hus 6, house
husdjur 6, domestic pet
husgeråd 6, household utensil
huvudsakligen, mainly
huvudstad –en –städer, capital city
hylla 1, shelf
hylla I, praise
hyra 1, rent
håll 6, direction
håll/a –er höll, hold, keep
hållplats 3, bus stop
hår 6, hair
hård, hard
häfte 5, notebook
hälften, half
hälsa på I, greet, visit
hälsa –n, health
hämta I, fetch
hända IIa, happen

hänga IIa, hang
här, here
härlig, wonderful
häst 2, horse
hög, high, tall
högskola 1, college, university
högsta, highest
högstadium 3, upper classes of
compulsory school
höjd 3, height
höra IIa, hear
i dag, today
i fall av, in case of
i form av, in the form of
i går, yesterday
i kväll, this evening
i morgon, tomorrow
i stället, instead
i tid, in time
i viss mån, to a certain extent
i väg, away, off
i år, this year
ibland, sometime
identitet 3, identity
id-handlingar, identity documents
ifall, if, whether
igen, again
illa, badly
in i, into
in på, into
indier 6, Indian
industri 3, industry
industriell, industrial
inflytande 5, influence
informera I, inform
inga, no, none
ingen, no, no one
inget, no, nothing
ingenjör 3, engineer
ingenting, nothing
ingång 2, entrance
innan dess, before this
innan, before
innanhav 6, inland sea
innehåll 6, content
inomhus, indoors

insjukna I, fall ill
inte, not
intelligent, intelligent
intensiv, intensive
internet –et, Internet
intervju 3, interview
intressant, interesting
intresse 5, interest
intresserad, interested
inträde 5, entrance fee
inträffa I, happen
invadera I, invade
invasion 3, invasion
investering 2, investment
invånare 6, inhabitant
Irak, Iraq
isflak 2, ice floe
ishockey, ice hockey
Island, Iceland
istiden, the Ice Age
italiensk, Italian
jaga I, hunt
jakt 3, hunt
januari, January
javisst, of course
jobb 6, job
jobba I, work
jobbig, troublesome
Johannes Döparen, John the
Baptist
jord 2, Earth, soil
jordbruk –et, agriculture
juice –n, juice
jul 2, Christmas
julafton –en julaftnar, Christmas
Eve
julstämning 2, Christmas
atmosphere
julsång 3, Christmas carol
jumper 2, jumper
juni, June
just, just, precisely
järn 6, iron
järnhand –en, iron fist
järnväg 2, railway
jäst 2, yeast

kafé 3, café
kaffe –t, coffee
kafferast 2, coffee break
kaka 1, cake
kalkstensberggrund –en, chalk
bedrock
kalkstenspelare 6, chalk pillar
kall, cold
kalla I, call
Kalmarunionen, the Kalmar Union
kamin 3, stove
kampanj 3, campaign
kanadensisk, Canadian
kanal 3, canal, channel
kandidat 3, candidate
kanelbulle 6, cinnamon bun
kanske, perhaps
kappa 1, (woman's) coat
karamell 3, sweet
kassaskåp 6, safe
katolsk, Catholic
katt 3, cat
keramik –en, ceramics
kille 2, boy
Kina, China
kind 3, cheek
kiosk 3, kiosk
kirurg 3, surgeon
kjol 2, skirt
klaga I, complain
klappersten 2, cobblestone
klara (av) I, manage
klass 3, class
klimat 6, climate
klippa 1, cliff
klocka 1, bell, clock
klä på sig III, get dressed
kläder –na, clothes
klänning 2, dress
knapp 2, button
knappt, scarcely
kniv 2, knife
knopp 2, bud
knuffa I, push
knuten, tied
knä 5, knee

knäckebröd 6, crispbread
ko 4, cow
kol –et, coal
koloni 3, colony
komiker 6, comedian
komm/a –er –kom, come
kommun 3, municipality
kompositör 3, composer
koncentrerad, concentrated
konditori 3, coffee shop
konduktör 3, conductor
konkurrens 3, competition
konsert 3, concert
konservera I, preserve
konst 3, art
konstgjord, artificial
konstig, strange
konstnär 3, artist
kontakta I, contact
kontinent 3, continent
kontor 6, office
kontrast 3, contrast
kontroll 3, check
konvertera I, convert
kopp 2, cup
kors 6, cross
kort 6, card
kort, short
kortfattad, brief, concise
korv 2, sausage
kosta I, cost
kostym 3, suit
kraftfull, powerful
krama I, hug
kretslopp 6, (natural) cycle
krig 6, war
kriga I, make war
krigsman –nen –män, warrior
kring, around
kristen, Christian
kritisk, critical
krona 1, krona, crown
kronprins 3, crown prince
krossa I, crush
krydda 1, spice
krångla I, be difficult

kräva IIa, demand
kröna IIb, crown
kudde 2, cushion, pillow
kul, fun
kulturperson 3, cultural celebrity
kund 3, customer
kung 2, king
kungafamilj 3, royal family
kungamakt –en, royal power
kungarike 5, kingdom
kungatitel 2, royal title
kunna kan kunde, be able, can
kusin 3, cousin
kust 3, coast
kvart –en, quarter of an hour
kvarter 6, a block
kvinna 1, woman
kvist 2, twig
kvitto 5, receipt
kväll 2, evening
kyla –n, cold
kylskåp 6, fridge
kyrka 1, church
kyss 2, kiss
kål –en, cabbage
kålblad 6, cabbage leaf
kåldolme 2, stuffed cabbage leaf
källare 6, basement, cellar
känna IIa, know, feel
kännas IIa, feel
kärlek–en, love
kö 3, queue
kök 6, kitchen
köld –en, cold
köpa IIb, buy
Köpenhamn, Copenhagen
köra IIa, drive
kött 6, meat
köttbulle 2, meatball
köttfärs –en, minced meat
laboratorium 3, laboratory
lag –en, marinade
laga I, prepare, repair
laga mat I, make a meal
lager 6, storeroom, warehouse
lamm 6, lamb

lampa 1, lamp
land –et länder, country
landområde 5, land area
landsbygd –en, countryside
landskap 6, province, landscape
lansera I, launch
larma I, raise an alarm
leda IIa, lead
ledamot –en ledamöter, member
ledare 6, leader
ledning 2, leadership
leende 5, smile
legitimation –en, ID
lejon 6, lion
leka IIb, play
lektion 3, lesson
Lettland, Latvia
leva IIa, live
levande, vivid, alive
lexikon 6, dictionary
lid/a –er led, suffer
lidande –t, suffering
ligg/a –er låg, lie
liknande, similar
lilla, little
linje 4, line
Litauen, Lithuania
lite(t), a little
liten, litet, små, little, small
liv 6, life
livnära sig IIa, support oneself
livsmedelsaffär 3, grocery store
ljug/a –er ljög, tell a lie
ljus 6, candle, light
ljuskrona 1, crown of candles
lok 6, locomotive
lokal 3, venue, premises
lokalbedövningsmedel –n, local anaesthetic
luciatåg 6, Lucia procession
lukt 3, smell
lycka –n, success
lyckas I, succeed
lycklig 6, happy
lyckligtvis, happily
lyssna I, listen

låg, low
lågstadium 3, lower classes in compulsory school
lån 6, borrowing, loan
lång, long, tall
långfredag 2, Good Friday
långivande, donor
långsamt, slowly
långt, far
lånord 6, loanword
lånuttryck 6, loan expression
låsa IIb, lock
låt/a –er lät, allow, let
låtsas I, pretend
läge 5, situation, location
lägenhet 3, flat
lägg/a –er la, put, lay
lägg/a –er la sig, lie down
läkare 6, doctor
läkemedelsföretag 6, pharmaceutical company
lämna I, leave
lämplig, suitable
län 6, county
länge, for a long time
längre, longer
längs, along, by
lära sig IIa, learn
lära 1, teaching
lärare 6, teacher
lärka 1, lark
läsa IIb, read
läsbar, readable
lätt, easy, light
löfte 5, promise
lönelyft 6, salary increase
lördag 2, Saturday
lösning 2, solution
mager, thin
maj, May
majstång –en –stänger, maypole
makt 3, power, force
mamma 1, mum
man mannen män (noun), man
man (pronoun), one
mandat 6, seat in parliament

maraton –et, marathon
mark 3, ground, land
marknad 3, market
marsipan –en, marzipan
marskalk 2, marshal
martyr 3, martyr
martyrskap –et, martyrdom
mat –en, food
matarv 6, culinary heritage
matbord 6, dining table
match 3, match, contest
matjessill –en, pickled herring
matpaket 6, packed lunch
matsvamp 2, edible mushroom
matta 1, rug, carpet
med detsamma, immediately
med, with
medan, while
medborgare 6, citizen
medeltida, mediaeval
medeltidskyrka 1, mediaeval
church
medicin 3, medicine
medlem 2, member
mejla I, email
melankolisk, melancholy
mellan, between
mellanstadium 3, middle classes of
compulsory school
melodi 3, tune
melon 3, melon
men, but
mening 2, meaning, sentence
mer, more
meromsättningsskatt –en, value
added tax
mest, most
mestadels, mostly
metodist 3, Methodist
middag 2, dinner
midja 1, waist
midnatt –en, midnight
mild, mild
militär, military
militärledare 6, military leader
miljon 3, million

miljonär 3, millionaire
miljö 3, environment
min, mitt, mina, my, mine
minister 2, minister
minnas minns mindes, remember
minne 5, memory
minoritetsspråk 6, minority
language
minst, at least, smallest
minut 3, minute
missionär 3, missionary
misslyckad, failed
misslyckas I, fail
missnöje –t, discontent
mitt i, in the middle of
mittemot, directly opposite
mjuk, soft
mjukvara –n, software
mjölk –en, milk
mobil 3, mobile
mobilsamtal 6, conversation on a
mobile
modern, modern
moderniserad, modernised
mogen, mature, ripe
monark 3, monarch
mor modern mödrar, mother
morgon –en morgnar, morning
morgondag –en, tomorrow
moster 2, aunt
mot, against, towards
motiv 6, motive, motif
motor 3, engine
motstånd 6, resistance
motståndare 6, opponent
motsvara I, correspond to
motta –r mottog, receive
mottagning 2, reception, surgery
mun 2, mouth
munk 2, monk
munter, merry
mus –en möss, mouse
museum 3, museum
muslim 3, Muslim
mycket, very, a lot
mygga 1, mosquito

mynt 6, coin
myr 2, bog
mytologi 3, mythology
må III, feel (of health)
måla I, paint
måltid 3, meal
månad 3, month
måndag 2, Monday
många, many, a lot
mångfald 3, diversity
mångmiljonär 3, multimillionaire
mås 2, seagull
måste, must, have to
människa 1, person
mästare 6, master
mätare 6, meter
möbel 3, piece of furniture
möjlig, possible
möjligen, possibly
möjlighet 3, possibility
mönster 6, pattern
mördas I, be murdered
mörk, dark
mössa 1, cap
möta IIb, met
möte 5, meeting
namn 6, name
nationaldag 2, national day
nationalskald 3, national poet
natt –en nätter, night
nattlig, nocturnal
natur 3, nature
naturlig 6, natural
naturligtvis, naturally
Naturvårdsverket, Environmental
Protection Agency
naturvetenskap –en, science
nederlag 6, defeat
Nobelpris –et, Nobel Prize
noga, carefully
nomad 3, nomad
Nordamerika, North America
nordamerikansk, North American
Norden, Scandinavia
nordisk, Nordic
nordost, north-east

nordväst, north-west
Norge, Norway
norr, north
novell 3, short story
nu, now
numera, nowadays
nuvarande, current
ny, new
nyckel 2, key
nyfödd, newborn
nyhet 3, piece of news
nysa IIb, sneeze
nyttig, useful
nå III, reach
någon, något, några, some, any
någon, someone
någonsin, ever
någonstans, somewhere
något, something
några, some
nämligen, namely
nämna IIa, name
när, when
närbelägen, nearby
närliggande, adjacent
näst, nästa, next
nästan, almost
nät 6, net
nödnumret, the emergency number
nöja sig IIa, be content
nöje 5, pleasure
nöt –en nötter, nut
oartig, impolite
och så vidare, etc.
också, also
oerhört, enormously
officiellt, officially
ofta, often
oftare, more often
ogilla I, dislike
okänd, unknown
olik 6, unlike
olika, different
olycka 1, accident
olycklig, unhappy
om dagen, in the daytime, per day

om, if, whether, about
ombord, on board
omedelbar, immediate
omgivning 2, surroundings
omkomm/a –er omkom, die
omkring, around
område 5, area
omständighet 3, circumstance
omtyckt, popular
omöjlig, impossible
onda makter, evil spirits
onsdag 2, Wednesday
onykter, intoxicated
Operan, the Opera House
operasångare 6, opera singer
operatör 3, operator
operera I, operate
optik –en, optics
ord 6, word
ordförande 6, chair(person)
orka I, manage, have strength to
oroa I, worry
orre 2, black grouse
oskyldig, innocent
ost 2, cheese
otroligt, incredibly
otur –en, bad luck
ovanlig, unusual
oväntat, unexpectedly
packa I, pack
paj 3, pie
pappa 1, dad
papper 6, paper
papperskorg 2, wastepaper basket
paraply 3, umbrella
park 3, park
parkeringsplats 3, car park
parti 6, (political) party
pass 6, passport
passagerare 6, passenger
patentera I, patent
patient 3, patient
paus 3, break
pc –en, –er, PC
peka I, point
pengar –na, money

penna 1, pen
pension 3, pension
period 3, period
person 3, individual
Peter den store, Peter the Great
piano 5, piano
pipa 1, pipe
pittoresk, picturesque
pjäs 3, play
plan 3, plan
plats 3, place
plocka I, pick
pluralis, plural
pocketbok –en –böcker, paperback
pojke 2, boy
polis 3, police officer
politiker 6, politician
politisk, political
populär, popular
porträtt 6, portrait
potatis 2, potato
poäng 3, point
praktisk, practical
prat –et, chat
prata I, talk
predika I, preach
present 3, present
presentera I, introduce
president 3, president
Preussen, Prussia
prinsessa 1, princess
pris 3, price
problem 6, problem
professor 3, professor
program 6, programme
promenad 3, stroll
pronomen 6, pronoun
propeller 2, propeller
proportion 3, proportion
proportionell, proportional
prosa –n, prose
protestantisk, Protestant
prov 6, test
pryda IIa, decorate
prägel –n, mark, characteristic
präst 3, minister (of religion)

prästgård 2, vicarage
publicera I, publish
publikation 3, publication
pussa I, kiss
pyramidformat, pyramid-shaped
på landet, in the country
påle 2, pole
påminna IIa, remind
påsk –en, Easter
påskdagen, Easter Sunday
påstående 6, assertion, statement
påve 2, pope
päls 2, fur coat
päron 6, pear
radio –n, radio
rak, straight
rally 5, rally
rast 3, break
rea 1, sale
realisation 3, sale
redan, already
reformera I, reform
regering 2, government
regna I, rain
rekommendera I, recommend
rektor 3, headteacher, principal
ren, clean
renskötsel –n, reindeer husbandry
resa 1, journey
resa IIb, travel
resande 6, passenger
reskamrat 3, travelling companion
respons 3, response
restaurant 3, restaurant
resultat 6, result
resultera I, result
resurs 3, resource
returnera I, return
revolutionär, revolutionary
rid/a –er red, ride
rik, rich
rike 5, realm, kingdom
riksdag –en, Swedish parliament
riksdagsval 6, parliamentary
election
rikssvenska –n, standard Swedish

riksvapen riksvapnet, national
coat of arms
ringa IIa, ring
ringmur 2, city wall
ripa 1, ptarmigan
ris –et, rice
rita I, draw
riv/a –er rev, tear
ro III, row
rolig, funny
roll 3, role
roman 3, novel
ros 1, rose
rum 6, room
rund, round
runsten 2, runestone
runt, around
rusa I, rush
rutten, rotten
rykte 5, rumour, reputation
ryska –n, Russian
ryss 2, Russian
Ryssland, Russia
rå, raw
råd 6, advice
rådhus 6, town hall
rädda I, save
räka 1, prawn
räkna I, count
rätt –en, law
rätt, right, correct
röd, red
röka IIb, smoke
röra IIa, move
rörelse 4, movement
röst 3, voice
rösta I, vote
rösträtt 3, franchise
saffransbulle 2, saffron bun
saft 3, cordial
sak 3, thing
sakna I, lack, be missing
sakta, slowly
salong 3, sitting room, auditorium
salt –et, salt
sambo 4, life partner

same 4, Sami
samisk, Sami
samma, the same
sammanfalla I, coincide
sammansatt, compound
samt, and
samtalsämne 5, topic of
conversation
samtidigt, at the same time
samtycke –t, consent
sandstrand –en –stränder, sandy
beach
satsa I, invest, go in for
schaman 3, shaman
se/ –r såg, see
se/ –r såg till, ensure
sed 3, custom
sedan, then
sedel 2, banknote
segel 6, sail
segelbåt 2, sailing boat
segla I, sail
sekel 6, century
sekreterare 6, secretary
semester 2, holiday
senare, later
sent, late
september, September
serie 4, series
servera I, serve
sevärd, worth seeing
sida 1, page
silke –t, silk
sill –en, herring
simma I, swim
simmare 6, swimmer
sist, last
sitt/a –er satt, sit
situation 3, situation
sjuk, ill
sjukdom 2, illness
sjukhus 6, hospital
sjuksköterska 1, nurse
sjung/a –er sjöng, sing
sjunk/a –er sjönk, sink
själv, my/your/himself, etc.

självisk, selfish
självklart, obviously
sjö 2, lake
sjökapten 3, sea captain
ska, shall
skada I, damage, harm
skadlig, harmful
skaffa I, acquire
skaka I, damage
skandal 3, scandal
skattetryck –et, tax burden
ske III, happen
skepp 6, ship
skicka I, send
skidlift 2, ski lift
skiftnyckel 2, adjustable spanner
skilja sig IIa, differ
skillnad 3, difference
skin/a –er sken, shine
skiva 1, slice
skjorta 1, shirt
skjut/a –er sköt, shoot
sko 4, shoe
skog 2, forest
skogsfågel 2, forest bird
skojig, fun
skola 1, school
skola ska skulle, shall
skolplikt –en, compulsory school
attendance
skosnöre 5, shoelace
skott 6, shoot
skratta I, laugh
skrattretande, laughable
skrik/a –er skrek, shout
skri/va –er skrev, write
skrivbord 6, desk
skrivbordslampa 1, desk lamp
skrivning 2, exam, test
skräp –et, rubbish
skydda I, protect
skylt 2, sign
skådespelare 6, actor
skål –en, (drinking) toast
skåla I, toast
skåning 2, inhabitant of Skåne

skåp 6, cupboard
skägg 6, beard
skämma/s skäms skämdes, be
ashamed
skär/a – skar, cut
skärgård 2, archipelago
skärm 2, shield
skärp 6, woman's belt
skönhet 3, beauty
sköta IIb, look after, nurse
slag 6, battle
slavhandel –n, slave trade
slipp/a –er slapp, avoid
slott 6, castle
slut 6, end
sluta I, end
slutligen, finally
slå/ –r slog, hit
slåss – slogs, fight
släcka IIb, extinguish
släkt 3, family
slänga IIa, throw away
smak 3, flavour, taste
smutsig, dirty
små, small
smålänning 2, inhabitant of
Småland
smör –et, butter
smörgåsbord 6, buffet
snabb, quick
snaps 2, vodka
snart, soon
snygg, handsome
snäll, kind
snöa I, snow
socialdemokratisk, social
democratic
socialist 3, socialist
socker sockret, sugar
soffa 1, soffa
sol 2, sun
soldat 3, soldier
sommar –en somrar, summer
sommarbete 5, summer pasture
sommarsolstånd 6, summer solstice
sommarstuga 1, summer cottage

sommarturism –en, summer
tourism
son –en söner, son
sov/a –er sov, sleep
sovrum 6, bedroom
Spanien, Spain
spanska –n, Spanish (language)
spara I, save
speciell, special
speciellt, especially
spela I, play
spela in I, record
sprick/a –er sprack, burst
sprid/a –er spred, spread
spring/a –er, sprang, run
språk 6, language
sprängämne 5, explosive
spår 6, trace, track
spännande, exciting
stabil, stable
stad –en städer, town
stadsbo 4, city dweller
stadsdel 2, urban district
stadshus 6, town hall
stadskarta 1, town map
stanna I, stop, stay
stapelbar, stackable
stark, strong
stat 3, state
station 3, station
statsmakt –en, state power
statsminister 2, prime minister
statsöverhuvud 6, head of state
sten 2, stone
stig/a –er steg, climb, rise
stigning 2, ascent
stjäl/a – stal, steal
stjärngosse 2, star boy
stol 2, chair
stor, big
stora nordiska kriget, the Great
Northern War
Storbritannien, Great Britain
storhetstid –en, period as a great
power
storlek 2, size

stormakt 3, great power
stormaktstid = storhetstid
strand –en stränder, beach, shore
strax, soon
strejk 3, strike
strid 3, battle, struggle
strumpa 1, sock
strunt –et, rubbish
sträcka I, distance
strö III, sprinkle
student 3, student
studera I, study
studerande 6, student
studio 4, studio
stuga 1, cottage
styck –et, piece
styr/a styr styrde, steer, govern
stå –r stod, stand
ståtlig, stately
städa I, tidy
städare 6, cleaner
ställa IIa, place, put
ställe 5, place
ställning 2, location
stämning 2, atmosphere
stänga IIa, shut
stänga av IIa, turn off
stärka IIb, reinforce, strengthen
stöd 6, support
störa IIa, disturb
substantiv 6, noun
surströmming –en, fermented herring
svag, weak
svamp 2, mushroom
svar 6, answer
svara I, answer
svartkrut 6, black powder
svensk, Swedish
svensk 2, Swedish person
svenska –n, Swedish (language)
Sverige, Sweden
svin 6, pig
svår, difficult
svårighet 3, difficulty
svägerska 1, sister-in-law

svälta IIb, starve
svär/a – svor, swear
sy III, sew
Sydamerika, South America
sydost, south-east
sydväst, south-west
symfoni 3, symphony
symtom 6, symptom
synas syns syntes, be seen
syskon 6, sibling
syster 2, sister
så, so
så kallad, so-called
så länge, so far
så småningom, eventually
sådan sådant sådana, such (a)
sångare 6, singer
såvida, unless
säg/a –er sa, say
säkerhetständsticka 1, safety match
sälj/a –er sålde, sell
sällskap 6, company
sända IIa, send
sändebud 6, emissary
säng 2, bed
särskilt, particularly
särskola 1, special school
säsong 3, season
sätt 6, way
söder, south
söka IIb, seek, search
söndag 2, Sunday
sörja IIa, grieve
söt, sweet
ta/ –r tog, take
tablett 3, tablet
tack, thank you
tacka I, thank
tag –et, while
tak 6, roof
tala I, talk
tallrik 2, plate
tandläkare 6, dentist
tanke 2, thought, idea
te –et, tea

teater 2, theatre
tecken 6, sign
tegelstensformad, brick-shaped
tekniker 6, technician
teknologi 3, technology
teknologisk, technological
telefon 3, telephone
telefonnummer 6, phone number
temperatur 3, temperature
terrass 3, terrace
territorium 3, territory
terrorist 3, terrorist
terräng 3, ground
testamentera I, bequeath
teve 2, TV
text 3, text
textilier –na, textiles
tid 3, time
tidigare, previously, earlier
tidning 2, newspaper
till, to
till sjöss, at sea, to sea
tillbaka, back
tillbringa I, spend (time)
tillhöra IIa, belong
tillverkning 2, manufacture
timme 2, hour
tiotal, about ten
tisdag 2, Tuesday
titta I, look
tjej 3, girl
tjur 2, bull
tjusig, delightful
tjuv 2, thief
toalett 3, toilet
tomt 2, plot, garden
topp 2, top, summit
toppig, pointed
torn 6, tower
torsdag 2, Thursday
tradition 3, tradition
traditionell, traditional
trafikolycka 1, traffic accident
trappa 1, stairway
trevlig, nice
triva/s trivs –des, feel at home

tro III, believe
troligen, presumably
tron 3, throne
tronföljare 6, successor to the
throne
trots att, despite the fact that
trubadur 3, troubadour, singer/
songwriter
trumma 1, drum
tryck 6, pressure
tråkig, boring
trä –et, wood
träd 6, tree
trädgård 2, garden
trädgårdsmästare 6, head gardener
träff 2, date, meeting
träffa I, meet
träna I, exercise, work out
tröja 1, sweater
trött, tired
tung, heavy
tunnel 2, tunnel
tunnelbana 1, tube
turism –en, tourism
turist 3, tourist
Turkiet, Turkey
tusen, thousand
tusentals, thousands
tv, TV
tvivla I, doubt
tv-nyheter –na, TV news
tv-program 6, TV programme
tvättmaskin 3, washing machine
tycka IIb, think
tycka om IIb, like
tyckas IIb, seem
typisk, typical
tyska –n, German (language)
Tyskland, Germany
tysta I, silence
tyvärr, unfortunately
tå 4, toe
tåg 6, train
tålmodig, patient
tälta I, camp (in a tent)
tänka IIb, think

tärna 1, maid
tävling 2, competition
tömma IIa, empty
töra/s törs tordes, dare
törstig, thirsty
umgås umgås umgicks, be friendly
with
under, under, beneath
underbar, wonderful
undra I, wonder
undvik/a –er undvek, avoid
ung, young
unge 2, youngster, child
ungefär, approximately
universitet 6, university
uppfinn/a –er uppfann, invent
uppfinning 2, invention
uppfriskande, refreshing
uppgift 3, task
upplevelse 4, experience
upprepa I, repeat
uppsamlingsplats 3, assembly
point
uppträdande 5, performance
uppvärmning 2, heating
ursprung 6, origin
ursprungligen, originally
ursprungsbefolkning 2, indigenous
population
ursäkta I, apologise
ut ur, out of
utan, without, but
utanför, outside
utantill, by heart
utbredd, widespread
ute, out(side)
utifrån, from outside
utländsk, foreign
utmaning 2, challenge
utrikespolitik –en, foreign policy
utseende 5, appearance
utsikt 3, view
utslag 6, rash
utveckla I, develop
utvecklings/land –et –länder,
developing country

vacker, pretty
vad, what
vakna I, wake up
vakt 3, guard
val 6, election, choice
valkrets 3, constituency
valperiod 3, parliamentary term
vals 3, waltz
valsystem 6, electoral system
valuta 1, currency
valör 3, value
vanlig, usual, ordinary
vanligtvis, usually
vapen 6, weapon
var som helst, anywhere at all
vara är var, be
vara 1, product
varandra, each other
varav, of which
vardag 2, weekday
varför, why
variera I, vary
varje, every
varm, hot
Vasamuseet, the Vasa Museum
vatten 6, water
vattendrag 6, watercourse
vattenlilja 1, water lily
vattna I, water
vecka 1, week
veckoslut 6, weekend
ved –en, firewood
vegetarian 3, vegetarian
verb 6, verb
verka I, seem
verklig, real
verkligen, really
verksam, active
vet/a vet visste, know
vett –et, common sense
vid, at, by
vikingatiden, the Viking Age
viktig, important
vila I, rest
vild, wild
vildren 2, wild reindeer

vildsvin 6, wild boar
vilja 1, will
vilja, vill, ville, will, want to
vilt –et, game
vin 3, wine
vind 2, wind
vinn/a –er vann, win
vinter 2, winter
vinterdag 2, winter's day
vintersolstånd –et, winter solstice
visa 1, song, poem
viss, certain
vokabulär 3, vocabulary
vuxen vuxet vuxna, adult
våffla 1, waffle
våga I, dare
vålla I, cause
vår 2, spring
vår vårt våra, our, ours
våt, wet
väcka IIb, awaken
väder vädret, weather
väg 2, way, road
väga IIa, weigh
vägg 2, wall
väljare 6, voter
väl, of course, well
väldigt, very
välj/a –er valde, choose, elect
vän 3, friend
vända IIa, turn
vänlighet –en, friendliness
vänta I, wait expect
värd 2, host
värdesaker –na, valuables
värdinna 1, hostess
värld 2, world
världsmästare 6, world champion
världsmästerskap 6, world
championship
värna om I, uphold, stand up for
väsentligt, substantially
väska 1, bag
väster, west
Västkusten, the West Coast
Västsverige, Western Sweden

växa IIb, grow
växande, growing
växt 3, plant
växthus 6, hothouse
wc, WC
webbsida 1, web page
wienerbröd 6, pastry
yrke 5, occupation, job
yrkesfolk –et, professional people
yta 1, surface
å 2, river
åka IIb, travel, go
åka buss IIb, travel by bus
ålder 2, age
år 6, year
åter, again
återerövra I, reconquer
återkommande, recurrent
återta/ –r återtog, retake
återvända IIa, return
äga IIa, own
äga rum IIa, occur
ägodel 2, possession
äldre, older
älg 2, elk
älgjakt 3, elk hunt
älska I, love
älskad, loved
ämne 5, subject
ämnesområde 5, technical
field
ändring 2, change
ändå, nevertheless
äng 2, meadow
ännu, yet, even
äntligen, finally
äpple 5, apple
ärende 5, task
ärftlig, hereditary
ärlig, honest
ät/a –er åt, eat
ättika –n, vinegar
även, also
även om, even if
äventyrare 6, adventurer
ö 2, island

öga –t ögon, eye
ögonblick 6, moment
öka I, increase
öl –et, beer
önska I, wish
öppen open
öppna I, open
ört 3, herb

öster, east
Östersjön, the Baltic
över, over, across
överleva IIa, survive
översätt/a –er översatte,
translate
överta/ –r övertog, take over
övning 2, exercise

Made in the USA
Monee, IL
22 April 2021

66498125R00109